Schattenwirtschaft

Die Macht der illegalen Märkte

Matías Dewey/Caspar Dohmen/
Nina Engwicht/Annette Hübschle

SCHATTEN-WIRTSCHAFT

Die Macht der illegalen Märkte

Verlag Klaus Wagenbach Berlin

»Nicht bemitleiden, nicht auslachen,
nicht verabscheuen, sondern verstehen.«

(Spinoza)

Inhaltsverzeichnis

Vorwort

Märkte sind die wichtigste Institution der kapitalistischen Wirtschaft. Auch in der Wirtschaftssoziologie stehen sie im Mittelpunkt der Forschung. In den Sozialwissenschaften wird die Funktionsweise von Märkten, ihre sozialen, kulturellen und politischen Voraussetzungen und die Folgen von Vermarktlichung für die Gesellschaft untersucht. Trotz der Vielfältigkeit der von Wirtschaftssoziologen untersuchten Phänomene bleibt eine Annahme durchgängig erhalten: Das Handeln der Marktakteure hält sich an Recht und Gesetz.

Was lernen wir über Märkte, wenn wir von dieser Annahme abweichen und Illegalität in den Vordergrund der Untersuchung stellen? Dies war die Ausgangsfrage, mit der sich eine Forschungsgruppe am Max-Planck-Institut für Gesellschaftsforschung in den vergangenen Jahren beschäftigte. In einer Reihe von Forschungsprojekten untersuchten wir Illegalität auf Finanzmärkten, den Onlinehandel von gefälschten Markenprodukten, das illegale Schürfen von Diamanten in Sierra Leone, den Handel mit Rhinozeroshorn in Südafrika und Vietnam sowie die Produktion und den Verkauf gefälschter Markenkleidung auf einem Großmarkt außerhalb von Buenos Aires.

Unsere Forschungen zeigten uns nicht nur, wie verbreitet illegales Handeln auf Märkten ist, sondern auch, wie eng illegales und legales Handeln miteinander verflochten sind. Die spektakuläre Manipulation von Zinssätzen durch Londoner Banken fand im Kontext völlig legaler Märkte und Organisationen statt. Legale Strukturen können Schutz für illegales Handeln bieten. Die Diamantenschürfer in Sierra Leone werden von der staatlichen Ordnungsmacht meist toleriert. Häufig wird das Recht verletzende illegale Handeln sogar gutgeheißen. Von dem Kölner Erzbischof Frings ist bekannt, dass er nach dem Zweiten Weltkrieg dem durch die Not der Bevölkerung bedingten Mundraub seinen kirchlichen Segen gab. Auch die Marktbesucher sowie die Verkäufer gefälschter Markenartikel in Buenos Aires sehen ihr Markthandeln als legitim an – für sie ist es eine der wenigen Möglichkeiten, ein Auskommen zu finden und möglicherweise sogar einen Weg aus der Armut.

Um die Einstellung zur Illegalität zu verstehen, muss man die gesellschaftlichen Kontexte und die Geschichte kennen. Die Wilderei lokaler Gemeinschaften in Südafrika und ihre Teilhabe am illegalen Markt für Rhinozeroshorn lässt sich beispielsweise nicht ohne Kenntnis des Kolonialismus und der Apartheid in Südafrika verstehen. Dass illegale Märkte toleriert werden, hängt zudem mit deren sozialer Funktion zusammen. Im Bekleidungsmarkt *La Salada* bei Buenos Aires sichert der Markt den Lebensunterhalt zehntausender Menschen. In den illegalen Schürfgebieten in Sierra Leone ermöglichen die Gewinne aus der Diamantenproduktion ein in der Gemeinschaft organisiertes rudimentäres System sozialer Sicherheit – eine Sicherheit, die der von jahrelangem Bürgerkrieg geschwächte Staat nicht gewährleisten kann. Zugleich sind die mit illegalen Tätigkeiten beschäftigten Akteure ohne tatsächlichen Rechtsschutz und so der häufig willkürlich ausgeübten staatlichen Macht schutzlos ausgeliefert.

Die Beschäftigung mit Illegalität auf Märkten zeigt ein facettenreiches und widersprüchliches Bild. Es reicht von der Kriminalität von Drogenbanden und dem Betrug auf Finanzmärkten bis hin zu ökonomischen Tätigkeiten, die vor dem Hintergrund auswegloser ökonomischer Lagen ausgeübt werden. Illegales wirtschaftliches Handeln kann ohnehin privilegierte Menschen noch weiter bereichern genauso wie eine Notlösung angesichts fehlender Arbeitsplätze und willkürlich ausgeübter staatlicher Macht sein. Gerade die ethnografische Erforschung illegaler ökonomischer Strukturen im Globalen Süden macht verständlich, dass diese in einem engen Geflecht aus Ausbeutung, individueller Hoffnung auf sozialen Aufstieg und schierem Willen zum Überleben entstehen. Solche sozialen Gebilde lassen sich nicht angemessen verstehen, wenn wir ihnen die Messlatte rechtsstaatlicher Strukturen aus dem Globalen Norden überstülpen. Dies wäre der kaum kaschierte Ausdruck einer postkolonialen Machtstrategie.

Die Beschäftigung mit illegalen Märkten zeigt uns umgekehrt auch, welche zentrale Bedeutung funktionierende staatliche Strukturen für die Entwicklung einer modernen Marktökonomie haben. Denn illegale Märkte lassen sich als Tauschstrukturen verstehen, in denen die Akteure keine Unterstützung durch den Staat und zumindest selektive staatliche Repression ihrer Aktivitäten erfahren. Unter diesen Bedingungen können sich keine komplexen arbeitsteiligen Strukturen entfalten, wie sie für moderne kapitalistische Ökonomien kennzeichnend sind. Für alle illegalen Märkte gilt, dass die Organisationen enorm kleinteilig und in entweder nachbarschaftlichen oder familiengestützten Netzwerken organisiert sind. Es kann kein generalisiertes Vertrauen entstehen, weil es keinen Schutz vor Ausbeutung gibt, kein Hinwenden zu Gerichten, die Rechte durchsetzen würden. Das Mittel der Gewaltandrohung, genutzt etwa von Mafiaorganisationen, funktioniert nur in bestimmten Rahmen, weil der „Schutz" immer nur partikular sein kann und die tatsächliche Gewaltanwendung zu viel polizeiliche Aufmerksamkeit erregt. So lässt sich mit Blick auf die Organisationsform feststellen, dass illegale Märkte nie ihren Kinderschuhen entwachsen. Großorganisationen sind die absolute Ausnahme. Das heißt jedoch nicht, dass diese Organisationen nicht trotzdem enorm destruktive soziale Folgen in den durch sie beherrschten Gebieten oder Märkten haben können. Und es lässt sich gegen radikal marktliberale Stimmen lernen: Es ist der Staat mit seinen Ordnungsfunktionen, der die moderne hochgradig arbeitsteilige Wirtschaft überhaupt erst möglich macht.

Die Ergebnisse unserer Forschung zu illegalen Märkten sind in Fachbüchern und Artikeln in wissenschaftlichen Zeitschriften dokumentiert. Bliebe es dabei, so wäre der Zugang zu unseren Erkenntnissen auf einen kleinen Kreis von Wissenschaftlern beschränkt. Wir wollen unsere Ergebnisse jedoch einem größeren Publikum vorstellen. So ist die Idee zu diesem Buch entstanden. Caspar Dohmen hat als erfahrener Journalist gemeinsam mit drei der Forscher und Forscherinnen des Max-Planck-Instituts zusammengearbeitet und auf Grundlage der Forschungsprojekte ein Buch verfasst, das sich spannend liest und die Leserinnen und Leser in ökonomische Welten mitnimmt, die zugleich weit von uns entfernt und nahe bei uns sind. Denn in der globalisierten Welt sind die beschriebenen Strukturen eng mit unserer Welt des Konsums und der Gewinnerwirtschaftung verknüpft. Dass daraus eine Verantwortung erwächst, will dieses Buch deutlich machen.

Köln, den 20. Juli 2019

Jens Beckert
Direktor am Max-Planck-Institut für Gesellschaftsforschung

Einleitung

Bei illegalen Märkten denken viele an organisiertes Verbrechen: Mittels kriminellen Handelns, ob durch Schmuggel von Drogen und Menschen oder durch Schutzgelderpressung, wird wie bei der Mafia ein Vermögen verdient. Der größte Teil der Schattenwirtschaft hat aber ein ganz anderes Gesicht: Hier schuften Menschen, um sich ihren – oft kargen – Lebensunterhalt zu verdienen. Sie verstoßen dabei gegen Gesetze, weil sie für sich keine andere Möglichkeit sehen, ihr Überleben und das ihrer Familien zu sichern. Andere arbeiten in einem Umfeld, in dem die Illegalität schlicht den Normalfall darstellt und weder als problematisch noch als erklärungsbedürftig betrachtet wird. Wir beschäftigen uns in diesem Buch vor allem mit dem Leben und Arbeiten von Menschen auf solchen Schattenmärkten. Wir blicken aus wirtschaftssoziologischer Sicht auf die Zusammenhänge und gehen der Frage nach, wie diese illegalen Märkte funktionieren, was sie zusammenhält und antreibt und was dies wiederum für die beteiligten Menschen bedeutet.

Im Mittelpunkt unserer Betrachtung stehen alltägliche Formen des illegalen Handelns, die oft der informellen – also nicht staatlich regulierten – Arbeit zugerechnet werden. Das umfasst vieles, angefangen bei gastronomischen Betrieben, die keine Quittungen ausstellen, über die allgegenwärtigen Menschen in afrikanischen Ländern, die Obst, Gemüse und DVDs anbieten, bis hin zu indischen Haushalten, die ihre Bediensteten bar bezahlen. Ein Großteil der informellen Arbeit wird von marginalisierten Menschen verrichtet. Manchen gelingt der soziale Aufstieg, die meisten verharren jedoch in der Armut. Alle aber müssen Mittel und Wege finden, mit der unsicheren Situation umzugehen. Denn anders als auf legalen Märkten schafft der Staat hier keine Rahmenbedingungen für das wirtschaftliche Handeln. Ganz im Gegenteil: Gewöhnlich bekämpft er illegales Tun. Das prägt wesentlich den Alltag der Menschen, die ihren Lebensunterhalt auf illegalen Märkten verdienen.

Drei illegale Handelsaktivitäten nehmen wir in den Fokus: Diamantenhandel in Sierra Leone, Bekleidungsproduktion und Textilhandel in Argentinien und Rhinozeroshornverkauf im südlichen Afrika. Es geht uns dabei nicht um die Schilderung aufsehenerregender Einzelfälle, sondern um ein Verständnis für die Funktionsweise illegaler Märkte und ihrer Folgen für die beteiligten Menschen. Das erachten wir aus drei Gründen als wichtig: Erstens lässt es einen Eindruck davon vermitteln, wie der Arbeitsalltag eines Großteils der Weltbevölkerung aussieht; es ist erhellend, wie illegale Märkte funktionieren, in denen Ausbeutung und Unsicherheit zum Alltag gehören, es aber gleichzeitig trotz mörderischer Konkurrenz auch solidarische oder gemeinschaftliche Strukturen gibt. Zweitens wollen wir auf die Bedeutung hinweisen, die die Transformation des globalen Kapitalismus für das Wachsen der illegalen Märkte und das Leben der Beteiligten hat – eines Kapitalismus, der sich zunehmend aus gesellschaftlichen Zusammenhängen löst. Drittens vermittelt das Thema eine Vorstellung von der gewaltigen Aufgabe, vor der wir stehen, wenn wir an dem Anspruch menschenwürdiger Arbeitsverhältnisse für alle festhalten wollen.

Schon heute arbeiten auf der Welt 61 von 100 Menschen in der informellen Ökonomie. Und ihr Anteil steigt kontinuierlich – entgegen früheren Erwartungen.[1] Gleichzeitig klafft eine riesige Lücke zwischen dem Leitgedanken menschenwürdiger Arbeit für alle und der Realität. Und sie wächst weiter – angetrieben durch den technologischen Wandel und das Rendite suchende Kapital. »Wir werden die Mobilität der Arbeit erleben. Wir werden die Mobilität der Unternehmen erleben. Wir werden die Mobilität aller Menschen entlang der Wertschöpfungskette erleben«, sagt Didar Singh, Mitglied der Kommission zur Zukunft der Arbeit bei der Internationalen Arbeitsorganisation (ILO).[2] Man wisse, genauso wie beim Klimawandel, dass sich die Arbeitsmärkte gewaltig verändern. »Wir müssen darauf vorbereitet sein.« Ohne politische Gestaltung dürften sich die Verhältnisse für immer mehr Menschen verschlechtern.

Schattenmärkte haben eine erhebliche wirtschaftliche und soziale Bedeutung. Doch fanden sie lange Zeit in der Wirtschaftssoziologie kaum Beachtung. Man sei »stillschweigend von der Annahme ausgegangen, dass sich Markthandeln vor allem im legalen Rahmen abspielt«, erklärt Jens Beckert, Direktor am Max-Planck-Institut für Gesellschaftsforschung (MPIfG).[3] Forschende der Soziologie und auch der Ökonomie überließen das Terrain weitgehend der Kriminalistik. Beckert rief deswegen 2010 am MPIfG eine Forschungsgruppe zu illegalen Märkten ins Leben. Deren Arbeit lernte Caspar Dohmen als journalistischer Fellow am Institut kennen. Gemeinsam mit drei Forschenden entwickelte er die Idee für dieses Buch. Die vier haben verschiedenartige Quellen benutzt: ökonomische und soziologische Theorien, historische Darstellungen und Ergebnisse journalistischer Recherchen. Kern dieses Buches sind drei Feldforschungen: Matías Dewey, wissenschaftlicher Mitarbeiter am MPIfG, erkundete den illegalen Textilmarkt La Salada in Buenos Aires und war fasziniert davon, welchen Optimismus die Menschen dort ausstrahlen. Nina Engwicht, Dozentin für Kriminologie am Bundeskriminalamt, untersuchte den illegalen Diamantenhandel im westafrikanischen Sierra Leone. Sie war überrascht, wie offen und reibungslos illegale Akteure dort mit Akteuren des legalen Marktes und dem Staat zusammenarbeiten. Annette Hübschle, heute Wissenschaftlerin an der Universität zu Kapstadt und am South African National Biodiversity Institute, erforschte den Markt für illegalen Handel mit Rhinozeroshorn im südlichen Afrika.

Sie beschreibt die wichtige Rolle von Großwild-Farmern, des Staates und des Naturschutzes in der Wertschöpfungskette des illegalen Marktes und die Sakralisierung eines Stückes Tier, die letztlich den Preis für das Horn auf den Konsumentenmärkten in astronomische Höhen treibt. Die Forschenden haben ihren hunderten Interviewten zugesichert, ihre Identität zu schützen, weil dies dem Standard in dem betreffenden Land entspricht und zum Schutz der Menschen wichtig ist. Viele waren überhaupt nur unter dieser Bedingung bereit, über die Schattenmärkte zu sprechen. Entsprechend wenig Angaben gibt es in dem Buch über einzelne Personen.

1 Illegale Märkte

Kriminelle veröffentlichen keine Bilanzen. Harte Zahlen über den Umfang des globalen Schattenmarktes gibt es deswegen nicht, sondern nur Schätzungen: Ein Fünftel der globalen Wirtschaftsleistung entfällt demnach auf die illegalen Märkte.[4] Es gibt große Unterschiede zwischen den einzelnen Volkswirtschaften – je höher entwickelt sie sind, desto geringer ist der Anteil der Schattenwirtschaft: In den OECD-Staaten und der Europäischen Union beträgt er im Schnitt 17,84 Prozent, in Asien 32,85, in Lateinamerika 41,98 und in Subsahara-Afrika 43,06 Prozent.[5] Bevor wir in das Leben und Arbeiten auf den illegalen Märkten eintauchen, stellen wir zunächst dar, was illegale Märkte genau sind, wie sie sich von informellen Märkten abgrenzen und welche Mechanismen die Akteure auf illegalen Märkten entwickeln, damit sie überhaupt ins Geschäft kommen.

Was sind Märkte? Nach der klassischen ökonomischen Theorie treffen sich auf Märkten Akteure und tauschen unter Wettbewerbsbedingungen Waren oder Dienstleistungen aus. Dabei verhalten sie sich wie der Modellmensch der Ökonomie (der Homo economicus): rational, informiert, nutzenmaximierend und effizient. Ein anderes und komplexeres Verständnis von Märkten findet man in der Soziologie. Sie definiert »Märkte als Arenen sozialen Handelns«, deren Existenz und Funktionsweise von vielen Voraussetzungen abhängen. Damit die Beteiligten überhaupt in einen Austausch treten können, müssen sie vor allem die Unsicherheiten beseitigen, die mit dem sozialen Markthandeln verbunden sind. Dazu gilt es drei zentrale Fragen zu beantworten: Wie kann man den Wert einer angebotenen Ware bestimmen? Wie lässt sich der ökonomische Wettbewerb bändigen? Wie können sich

Geschäftspartner ihrer gegenseitigen Kooperationsbereitschaft versichern? Nur wenn die Akteure befriedigende Antworten auf alle drei Fragen finden, können sie die für den Austausch notwendige Erwartungssicherheit herstellen. Das Verhalten der einzelnen Marktbeteiligten ist dem Einfluss vielerlei Faktoren ausgesetzt, etwa kultureller, religiöser oder historischer Art.

Eine große Hilfe für Marktbeteiligte ist normalerweise der Staat, der Regeln festlegt und durchsetzt. Wer Waren kauft oder verkauft, hat beispielsweise die Möglichkeit, vor Gericht die Einhaltung eines abgeschlossenen Vertrages einzuklagen. Aber die staatlichen Gesetze gelten nicht auf illegalen Märkten. Wird ein Akteur oder eine Akteurin hier von einem anderen betrogen, kann er sich nicht an den Staat wenden. Es besteht zudem permanent die Gefahr, dass Gewalt zwischen Marktbeteiligten ausbricht. Die Agierenden auf illegalen Märkten müssen – ganz auf sich gestellt – eigene Mechanismen entwickeln. Das ist ein schwieriges Unterfangen, zumal der Staat jederzeit versuchen kann, illegales Markthandeln zu unterbinden, etwa indem er Razzien durchführt oder verdeckte Ermittlungsteams in den Markt einschleust. All diese Faktoren erschweren es den Akteuren, einander wenigstens ein Mindestmaß an Vertrauen entgegenzubringen, was jedoch Voraussetzung ist, um wechselseitige Geschäfte zu tätigen. Illegale Geschäftsleute müssen außerdem weitere Schwierigkeiten überwinden. Sie erhalten beispielsweise gewöhnlich keinen Kredit, mit dem sie Geschäfte finanzieren könnten. Denn ein Kreditgeber oder eine Kreditgeberin müsste dafür entweder ihren illegalen Geschäften zustimmen, wofür sie sich ihm zu offenbaren hätten, oder erfolgreich getäuscht werden, was riskant ist. Dementsprechend fehlt illegal tätigen Leuten häufig das Kapital, um ihre Geschäfte auszubauen. Außerdem müssen die Akteure für die Koordinierung des illegalen Marktgeschehens einen gehörigen Aufwand leisten. Sie sind gezwungen, ständig zu kontrollieren, ob Abmachungen eingehalten werden, und können oft nur bar bezahlen. Angesichts dessen sind illegale Märkte im Durchschnitt deutlich unproduktiver als ihre legalen Pendants. Ablesen kann man dies an der Anzahl der Beschäftigten: Während in einem armen Land legale Betriebe im Schnitt 126 Beschäftigte haben, sind es bei illegalen Betrieben nur vier.[6]

Die Illegalität prägt nicht nur das Verhalten der einzelnen Akteure, sondern auch die Struktur illegaler Märkte, die häufig netzförmig organisiert sind. Abgesehen von einem inneren Kern beziehungsweise mehreren inneren Kernen in funktional spezialisierten Gruppen besteht ein großer Teil solcher Netzwerke aus wechselnden und uneingeweihten Akteuren, die nur oberflächlich miteinander bekannt sind und projektweise zusammenarbeiten. Ihre Kooperation beruht gewöhnlich auf persönlichen Beziehungen. Unpersönliche Formen, auf legalen Märkten gang und gäbe, sind hier nicht möglich. Einige illegale Netzwerke, vor allem im Bereich des organisierten Verbrechens, regulieren erfolgreich den Wettbewerb, indem sie sich untereinander absprechen, Gewalt anwenden oder sich Schutz kaufen, sei es von staatlichen oder privaten Sicherheitsakteuren und -akteurinnen. Anders als illegale Großhändlerinnen und Großhändler agieren die illegalen Einzelhandelsunternehmen häufig unter dem Vorzeichen besonders ausgeprägter Konkurrenz.

Unter Rekurs auf die klassische Marktdefinition werden in der Wirtschaftssoziologie illegale Märkte als Arenen beschrieben, in denen Akteure regelmäßig und freiwillig Waren und Dienstleistungen austauschen und dabei gegen Gesetze verstoßen.[7] Je nach Art der Regelverletzungen lassen sich kriminologisch fünf Typen der Illegalität unterscheiden: (1) Das, was verkauft wird, ist verboten (Drogen, Menschenhandel, Kinderpornografie), womit dessen Herstellung, Vertrieb und Konsum untersagt sind.

(2) Der Verkauf von etwas ist verboten (Adoption, Organe, Ersatzmutterschaft); andere Formen der Übertragung sind aber erlaubt, etwa bei einer Organspende. Verboten ist ein auf Gewinn zielender Handel, beispielsweise der Verkauf eines Kindes zur Adoption. (3) Das Stehlen eines Gutes ist verboten (Auto, Smartphone). (4) Das Fälschen eines Gutes ist verboten (Kunstwerk, Markenpiraterie). (5) Bei der Herstellung der Güter oder dem Handel mit ihnen wurde gegen ein Gesetz verstoßen, etwa gegen Vorgaben für Arbeit, Umwelt, das Zahlen von Steuern oder Zollgebühren, um Kosten zu sparen und sich dadurch Wettbewerbsvorteile zu verschaffen gegenüber Firmen, die sich legal verhalten.[8] Letzteres geschieht in gigantischem Ausmaß: Alleine der EU entgehen durch illegale Steuerhinterziehung jährlich 750 bis 900 Milliarden Euro.[9] Solche Rechtsverletzungen werden nur selten öffentlich bekannt, wie nach dem Einsturz der Textilfabrik Rana Plaza in Bangladesch mit über 1.100 Toten, der Explosion der Ölplattform Deep Horizon, die eine Umweltkatastrophe im Golf von Mexiko verursachte, oder dem Dieselskandal um VW und andere Hersteller, die durch Manipulation von Software die gesetzlichen Grenzwerte für Abgase zu umgehen versuchten.

Im Frühjahr 2019 erhob die Staatsanwaltschaft Braunschweig Anklage gegen den ehemaligen VW-Chef Martin Winterkorn und vier weitere Personen. Nach Ansicht der Staatsanwaltschaft sind die fünf Angeklagten mitverantwortlich für die Manipulation von Abgaswerten. Offensichtlich glaubt die Staatsanwaltschaft dem VW-Konzern nicht, der erklärt hatte, dies sei das Werk nur einiger weniger Angestellten gewesen. Sollte die Staatsanwaltschaft das Gericht davon überzeugen, wäre der Beweis erbracht, dass bei VW ein System illegaler Handlungen innerhalb eines legalen Unternehmens existiert hat.

Rechtswandel

Was Staaten als legal oder illegal ansehen, kann sich mit der Zeit ändern. Seit der Antike war etwa der Handel mit Menschen und deren Besitz erlaubt gewesen. Erst 1792 verbot das Königreich Dänemark-Norwegen als erste europäische Kolonialmacht den Sklavenhandel. Und es dauerte mehr als 200 weitere Jahre, bis Mauretanien als letzter Staat 1981 die Sklaverei verbot. Was erlaubt oder verboten ist, kann sich auch in einem einzigen Staat mehrfach ändern: So waren Herstellung, Handel und Verkauf von Alkohol während der Prohibition in den USA von 1920 bis 1933 verboten, davor und danach aber erlaubt. Zwischen Staaten kann es wiederum zur gleichen Zeit große Unterschiede geben: So hat Uruguay 2017 als erstes Land den Verkauf von Cannabis legalisiert; dort gibt es Marihuana nun rezeptfrei in der Apotheke zu kaufen. Im Iran dürfen Lebende legal Nieren an Nichtverwandte verkaufen, was sonst überall verboten ist. In diesem Sinne ist Illegalität ein soziales Konstrukt und als solches im ständigen Wandel begriffen: Illegal ist, was eine bestimmte Regierung zu einem bestimmten Zeitpunkt verbietet. Veränderungen unterworfen sind dabei nicht nur die gesetzlichen Vorgaben für Produkte, sondern auch für Menschen, beispielsweise für Möglichkeiten, ihre Arbeit zu verkaufen. Nur wer sich legal in einem Land aufhält, kann seine Arbeitskraft legal zu Markte tragen. Illegalisierten ist dies verwehrt.

Asymmetrien in Gesetzgebung und Kultur wirken sich in der heute global vernetzten Wirtschaft besonders gravierend aus. So können die Teile einer Lieferkette in Angebots-, Transit- oder Nachfrageländern einen unterschiedlichen Rechtsstatus haben. Ist dies der Fall, gehen legale und illegale Märkte ineinander über, etwa wenn illegal geschürfte Diamanten mit einem Zertifikat versehen und legal exportiert werden. Illegales Markthandeln findet selten völlig separiert von legalen Märkten statt. Es gibt viele

Schnittstellen, wie bei der Lieferung von Vorprodukten. So verarbeiten illegale Sweatshops häufig Stoffe, Garne oder Reißverschlüsse, die aus legaler Produktion stammen. Selbst wenn ein Markt komplett im Untergrund existiert, gibt es eine Verbindung zu legalen Märkten, nämlich immer dann, wenn die Erträge aus illegalen Geschäften in legale Aktivitäten investiert werden, also Geld gewaschen wird. Eine wichtige Rolle spielen dabei Steueroasen, die selbst nicht illegal sind, aber illegales Verhalten fördern, weil dort Geld kriminellen Ursprungs verbergen und in Sicherheit gebracht werden kann. Werden legale und illegale Systeme nicht durch klar definierte soziale Grenzen getrennt, entstehen Grauzonen des Handelns. Häufig finden sich darin Akteure, die mal in legalen, mal in illegalen Systemen agieren. Solche Verbindungspunkte sind »eine Quelle von Spannungen [...], die zur Veränderung der formal definierten Grenze zwischen Legalität und Illegalität führen können.«[10]

Informelle Märkte

Die moderne Marktsoziologie entstand in der Auseinandersetzung mit der Entwicklung des Kapitalismus in westlichen Industrienationen. Die Forschung beschäftigt sich bis heute größtenteils mit Marktphänomenen in Ländern mit funktionierender Staatlichkeit. Außen vor bleiben meist Länder des Globalen Südens, also Länder, die über keine ausgeprägte Industrie verfügen und häufig eine schwache Staatlichkeit aufweisen. Hier finden sich in großem Umfang Märkte, die nicht staatlich reguliert sind. In der sozialwissenschaftlichen Forschung werden sie meist unter dem Begriff der informellen Märkte diskutiert. In Industrieländern sind sie ein marginales Phänomen, in vielen Ländern des Globalen Südens der Normalfall, wie die große Zahl der dort beschäftigten Erwerbstätigen zeigt. In

Afrika sind von 100 Erwerbstätigen mehr als 85 informell beschäftigt, in Asien mehr als 68, in Amerika 40 und in Europa und Zentralasien gut 25.[11]

Teilweise sind die Aktivitäten im informellen Sektor durchaus legal, wie zum Beispiel viele Selbstversorgungstätigkeiten. Aber es gibt auch illegale Tätigkeiten, die für ein Leben auf Subsistenzniveau ausgeführt werden, etwa das Schürfen von Diamanten. Ist der Begriff illegal überhaupt angebracht für Handlungen, die blanker Notwendigkeit entspringen? Da es im formalen Sektor an Möglichkeiten fehlt, ist eine Erwerbstätigkeit im informellen Sektor für die Armen des Globalen Südens schließlich oft eine wesentliche Überlebensstrategie. Typischerweise generieren sie dabei nur äußerst geringfügige Gewinne, die sie gleich verbrauchen. Diese Armen beziehen ihren Lebensunterhalt gewöhnlich aus mehreren Quellen, um über die Runden zu kommen: aus regulären Anstellungsverhältnissen, dem Anbau von Lebensmitteln für den Eigenverbrauch und den Verkauf, wohlfahrtsstaatlichen Leistungen, informellen Marktaktivitäten und Gelegenheitsarbeiten.

Einer weitgehend akzeptierten Definition zufolge besteht informelles Markthandeln aus ökonomischen Aktivitäten, die sich der staatlichen Kontrolle entziehen. Darunter werden vielfach auch Aktivitäten auf Märkten verstanden, in denen das illegale Markthandeln primär der Subsistenz dient, die Profite und der Schaden gering sind und das Ausmaß an gesellschaftlicher Legitimität groß ist. Ein solches Verständnis erlaubt es jedoch kaum, zwischen informellen und illegalen Handlungen zu unterscheiden, da es schließlich im Wesen illegaler Marktaktivitäten liegt, staatliche Kontrollen zu unterlaufen. Aus diesem Grund folgen wir einem anderen Begriff der Informalität, der allein solches Markthandeln umfasst, das rechtlich nicht geregelt ist – also weder explizit verboten noch erlaubt. Eine solche Definition von Informalität bietet die Möglichkeit, informelle und illegale Marktaktivitäten trennscharf voneinander abzugrenzen. Damit fallen aber eine ganze Reihe von herkömmlich meist als informell bezeichneten Märkten in die Kategorie illegaler Märkte. Dies zielt keineswegs darauf, die Tätigkeiten auf diesen Märkten zu kriminalisieren. Vielmehr benutzen wir diese Definition, weil sich so klarer analysieren lässt, warum Akteure sich auf den illegalen Märkten in bestimmter Weise verhalten, warum sie sich etwa verstecken, sich gegenseitig Kredit geben oder unter spezifischen Krankheiten leiden. So ist auch besser zu verstehen, welche Folgen es hat, wenn eine Gesellschaft Handlungen als legal oder illegal einstuft.

Ein funktionierender Staat sorgt dafür, dass das Privateigentum geachtet und Verträge eingehalten werden. Damit trägt er erheblich zur Stabilisierung bei, was den Handel auf Märkten fördert. Auf illegalen Märkten wiederum setzt der Staat naturgemäß keine Regeln und Verträge durch. Vielmehr versucht er diese verbotenen Markthandlungen mit Mitteln der Strafverfolgung zu unterbinden und die Beteiligten zu bestrafen. Dies gilt zumindest für den effektiven modernen Staat, wie wir ihn vor allem in Europa und Nordamerika kennen. Diese Form der Staatlichkeit ist jedoch bis heute weltweit eher die Ausnahme als die Norm. Abgesehen davon wird das Bild dieses Staates häufig idealisiert. Denn selbstverständlich gibt es im Globalen Norden ebenfalls Korruption, und auch hier beteiligen sich Staatsvertreter an illegalen Machenschaften. Seit dem Siegeszug des Neoliberalismus hat sich zudem die Macht zwischen Staat und Markt in bestimmten Bereichen verschoben. Nach drastischen Sparmaßnahmen sind in vielen Ländern staatliche Behörden kaum noch in der Lage, für die Einhaltung der sozialen und ökologischen Standards zu sorgen, die ihre Regierungen gesetzlich vorgegeben haben.

Koordinierung I: Eigene Regeln

Wo der Staat als Regulationsmechanismus fehlt oder selbst illegale Marktaktivitäten verfolgt, ergibt sich Unsicherheit auf den Märkten. Das wirkt sich wiederum auf die Organisation illegaler Märkte aus. Schließlich müssen die Akteure Mittel und Wege finden, trotz Unsicherheit ihre Marktaktivitäten zu koordinieren. Dabei bedienen sie sich unterschiedlicher Praktiken: Persönliches Vertrauen, latente und glaubwürdige Gewaltandrohung, Korruption und Schutzgelderpressungen, Geheimhaltung oder die Bildung informeller Institutionen spielen eine wichtige Rolle. Letztere können quasi-formale Strukturen aufweisen, wie auf den sogenannten Open-Yai-Märkten für illegale Diamanten in Sierra Leone.

Open Yai bedeutet in der kreolischen Sprache *Krio*, offenes Auge, und bezeichnet in Westafrika sowohl den Marktplatz, auf dem Diamanten illegal gehandelt werden, als auch die Organisation illegaler Kaufleute. Während auf kleineren Märkten etwa ein Dutzend illegaler Geschäftsleute aktiv sind, kommen größere auf bis zu 200. Sie agieren kollaborativ und gewährleisten dadurch eine Koordinierung des Marktes: Es gibt feste Organisationsstrukturen mit Gesetzen und Mechanismen der sozialen Kontrolle sowie der Konfliktlösung. Alle sechs in diesem Buch untersuchten Open-Yai-Märkte leitet ein Vorsitzender, den die Marktmitglieder demokratisch gewählt oder einvernehmlich ernannt haben. Auf allen diesen Märkten gelten verbindliche Regeln, die Teilnehmende als »Gesetze« bezeichnen. Wer ein vollwertiges Mitglied auf dem Markt werden will, muss sich gewöhnlich registrieren lassen.

Die Regelwerke der untersuchten Märkte ähneln einander stark und sind zuweilen auch schriftlich niedergelegt. Sie betreffen zum einen den Umgang der unlizenzierten Geschäftsleute miteinander. Verboten sind in Sierra Leone etwa Streit und die Verwendung beleidigender Sprache,

Diebstahl von Diamanten und Betrug unter Händlern sowie der Kauf von Diamanten, die für einen anderen Händler bestimmt waren. »Wenn ich ihn [einen bestimmten Stein] kaufe, werden sie mich bestrafen«, erklärt ein Händler. Auf diesen Märkten nennen sich diejenigen, die illegal mit Diamanten handeln, *Banabana* oder auch *Jula* – ein Begriff, der seinen Ursprung in westafrikanischen Mande-Sprachen hat und hiesige muslimische Kaufleute bezeichnet.

In der legalen kapitalistischen Wirtschaft kommt kaum ein Unternehmen auf die Idee, seinen Gewinn mit der Konkurrenz zu teilen. Auf den Märkten für illegale Diamanten wird das von allen Kaufleuten erwartet, oft ist es sogar im informellen Regelwerk niedergeschrieben. Die Kaufleute verkaufen einzelne Steine häufig sogar mehrere Male untereinander weiter, um so die Zahl derer zu erhöhen, die von dem Handel profitieren. Wer sich weigert, wird von den anderen Banabana als exzessiv eigennützig wahrgenommen und fortan sozial geächtet, was dazu führen kann, dass er von künftigen Gewinnen ausgeschlossen wird.

Andere informelle Vorschriften betreffen den Umgang mit Personen, die nicht Mitglied des Marktes sind. So dürfen die Kaufleute etwa keine Schürfer bestehlen, die den Markt aufsuchen. Eines der wichtigsten Prinzipien ist das Gebot, alle Konflikte, die den Diamantenhandel betreffen, innerhalb der eigenen Organisation des Open Yai zu lösen. Selbst bei Verbrechen wie Diebstahl oder Betrug dürfen die Mitglieder des Marktes nicht eigenmächtig staatliche Behörden einbeziehen. Ein Händler erklärt: »Hast du einen Streit mit jemandem, musst du dich beim Verband melden. Du darfst nicht zur Polizei gehen. Der Verband wird sich mit der Angelegenheit befassen.« Der Vorsitzende schlichtet Konflikte und kann Strafen verhängen, etwa die Zahlung einer Entschädigung, wobei es stets um wiederherstellende Gerechtigkeit und nicht um Bestrafung geht.

In letzter Konsequenz kann der Vorsitzende registrierte Geschäftsleute auch aus der illegalen Marktgemeinschaft ausschließen.

Besonders differenziert ist die informelle Struktur auf dem Central Open Yai Market in Koidu. Der größte Markt dieser Art in der an Diamanten reichen Region Kono ist regelrecht wie eine Firma organisiert: Er wird von einem Chairman geleitet, der einen Stellvertreter hat. Daneben gibt es vier Berater der Organisation und jeweils zwei Leute, die einem der zwölf Teilabschnitte des Marktes vorstehen. Ein Buchhalter verwaltet die Ausgaben und wird dabei von einem Wirtschaftsprüfer überwacht. Ein »Public Relations Officer« genannter Mann reguliert die Beziehungen zwischen den am Handel beteiligten Personen.

Entgegen der Annahme, dass Handeln auf illegalen Märkten in besonders hohem Maße von Unsicherheit geprägt ist, agieren alle, die illegal mit Diamanten handeln, hier also in einem verhältnismäßig risikoarmen Kontext. Gründe dafür sind neben der sozialen Organisation des illegalen Handels seine Integration in den legalen Markt, die relativ hohe Legitimierung durch die Bevölkerung und die weitgehende Tolerierung durch den Staat. Die Existenz quasi-formaler Strukturen bedeutet aber nicht, dass jedes Unrecht auf solchen Märkten sanktioniert wird. Die Gefahr, Opfer von Betrug und Diebstahl zu werden, sehen die Menschen hier als eine Art Berufsrisiko an. Die verschiedenen Open-Yai-Märkte der Region stehen miteinander in Kontakt und veranstalten gelegentlich ein gemeinsames Treffen, wenn es dazu Anlass gibt oder rein zur sozialen Integration. Ein beteiligter Händler sagt dazu: »Wir haben über das Zusammensein gesprochen – für uns sind wir eins.«

Koordinierung II: Korruption

»Eine Hand wäscht die andere«, »Gibst du mir, gebe ich dir« oder ganz simpel »Bestechung« – es gibt viele Ausdrücke und Formeln für Korruption. Korrupt sein können einzelne Personen, Institutionen oder sogar große Teile des Staates. Während Länder wie Dänemark, Neuseeland, Finnland und Singapur praktisch frei davon sind, ist sie in Ländern wie Jemen, Südsudan oder Somalia Alltag.[12] Die Abgrenzung kann schwierig sein, weil es kulturelle Unterschiede gibt. So hat im Mittleren Osten und Vorderen Orient »das Geben und Nehmen eine tief verwurzelte Tradition«; es gilt als »selbstverständlich«, sich beim Abschluss eines Geschäfts mit einem Geschenk zu bedanken.[13] Ebenso wird einiges, was in Europa als Vorteilsnahme angesehen wird, in den politischen und sozialen Systemen vieler afrikanischer Staaten von einem Großteil der Bevölkerung als normal und legitim betrachtet. Denn in diesen Systemen haben persönliche Beziehungen, ethnokulturelle oder regionale Loyalitäten sowie die Achtung hochstehender Autoritätspersonen zentrale Funktion. In unseren drei Forschungsgebieten Sierra Leone, südliches Afrika und Argentinien spielt Korruption eine gewichtige Rolle, abzulesen am Korruptionsindex von Transparency International: Mosambik rangiert unter 180 Staaten auf Platz 159, Sierra Leone auf Platz 129, Argentinien auf Platz 85 und Südafrika auf Platz 73.[14] Befördert wird Korruption durch mangelnde Transparenz.[15]

In Sierra Leone gehört es zum Alltag, dass staatliche Angestellte Geschenke annehmen. Während Staatsangestellte in gehobenen Positionen berüchtigt dafür sind, hohe Summen öffentlicher Gelder zu veruntreuen und Bestechungsgelder als Preis für ihre Gunst zu verlangen, sind Angestellte der niedrigen Ebenen nicht selten sogar ökonomisch auf Zuwendungen Dritter angewiesen, um ihren Lebensunterhalt zu bestreiten. Immer wieder erhalten

Behördenmitarbeiter*innen zeitweise kein Salär, bisweilen über viele Monate. Ein staatlicher Minenkontrolleur nennt es angesichts dessen eine ökonomische Notwendigkeit, Geldgeschenke illegaler Marktteilnehmer*innen anzunehmen. »Die Schürfer geben uns ein wenig Geld, weil unsere Gehälter zu niedrig sind. Ohne sie könnten wir nie überleben«, sagt er. Solche Geschenke können durchaus dem Umfang eines Monatslohns entsprechen. Weder Marktteilnehmer*innen noch Staatsakteur*innen würden dies als Korruption bezeichnen. Obwohl im ganzen Land großformatige Schilder dazu auffordern, Korruption zu melden, benutzen viele den Begriff der Bestechung lediglich, um die großmaßstäbliche Vorteilsnahme durch die Mächtigen zu bezeichnen.

Staatsmitglieder sind also regelmäßig in illegale Marktaktivitäten involviert. Dabei reicht die Bandbreite vom Wegschauen bis zum Beteiligen an illegalen Geschäften, wie beispielsweise auf Lateinamerikas größtem informellem Markt La Salada. Hier gibt es ein eingespieltes System der informellen Besteuerung. Wer illegal hergestellte Waren verkauft, muss neben der gewöhnlichen Standmiete denjenigen, die den Markt illegal betreiben, noch eine zusätzliche Summe zahlen. Das Geld geben sie wiederum gesammelt an die Polizei und lokale Politiker und Politikerinnen weiter. Mit dem Geld werden teils öffentliche Ausgaben finanziert, sodass etwa eine Polizeistation Material anschaffen kann. Lokalpolitiker finanzieren mit diesen Finanzmitteln häufig Wahlkampagnen.[16] Als Gegenleistung lassen die Polizisten die Marktbeteiligten ungestört ihren Handel treiben. Die Kaufleute zahlen also dafür, dass die Staatsmitglieder das eigentliche Recht nicht durchsetzen. Nur selten kommt jemand seinen informellen Zahlungspflichten nicht nach, was paradoxerweise auch damit zu tun hat, dass es keine klaren Regeln gibt: Niemand weiß, welche Folgen die entsprechenden Aktionen haben.

Allerdings positionieren sich die Polizisten regelmäßig an den Zugangswegen des Großmarktes und signalisieren damit, dass sie jederzeit eingreifen und das illegale Markttreiben unterbinden könnten. Aber die lokalen Kräfte, die für Ordnung sorgen, tun das nur äußerst selten. Sie konfiszieren beispielsweise Waren einzig, wenn sie höhere Abgaben durchsetzen wollen oder es bei der regelmäßigen Zahlung hapert. Bisweilen greifen sie aber auch auf Druck der Zentralregierung ein. Das ist in den bald zwanzig Jahren des Bestehens von La Salada einige Mal geschehen, etwa als Folge von Unfällen in Sweatshops. Dabei wurden die Markthallen und die angrenzenden Straßen geräumt. Wenige Monate später wurde der Markt jeweils wieder geöffnet.

Korruption gibt es nicht nur auf illegalen Märkten, sie ist auch auf legalen Märkten gang und gäbe. Ein illegaler Händler in Argentinien beschreibt dies sogar als wesentlichen Grund, warum er nicht auf die legale Seite wechselt: Auf dem illegalen Markt halte nur der Manager die Hand auf und gebe das Geld dann der Polizei, woraufhin alle in Ruhe ihre Geschäfte machen könnten. Würde er ein legales Geschäft eröffnen, würden jeden Tag mehrere Menschen Geld von ihm fordern, behauptet der Händler. Auch andere berichten von dieser Erfahrung.

In seinem heutigen Ausmaß ist das illegale Geschäft mit Hörnern von Rhinozerossen nur möglich, weil Strafverfolger, Beamte, Umweltschützer, Großwildfarmer und Berufsjäger an dem Handel mitwirken oder ihn tolerieren. Das beginnt in den Nationalparks. Immer wieder sind dortige Angestellte involviert, zum Beispiel die Wildhüter. Ein wesentlicher Grund ist auch hier die schlechte Bezahlung. So verdient ein Wildhüter in Mosambik monatlich umgerechnet 75 bis 100 Euro. Dabei kostet sie ein 50-Kilo-Sack-Reis umgerechnet rund 50 Euro, in Südafrika 66 Euro. Manche Wildhüter lassen sich bereitwillig anheuern und verraten für Geld etwa die Routen der Tiere oder die Pläne der Sicherheitsleute, andere übernehmen sogar Aufgaben für die Wilderer, wie eine Verkehrspolizistin, die über einen längeren Zeitraum Horn aus dem Krüger-Nationalpark geschmuggelt hatte. Bisweilen lassen Wildhüter die Wilderer aber auch gewähren, weil sie diese aus ihren lokalen Gemeinschaften kennen. Für viele zählt eine solche Verbindung mehr als die Loyalität zu einem Arbeitgeber oder einem Dienstherrn. Es gibt auch Fälle von Wildhütern, die sich korrekt verhalten wollen, dann aber von Banden unter Druck gesetzt werden, beispielsweise indem diese ihnen Geld unterschieben und danach androhen, sie bei ihren Vorgesetzten zu melden.

Zwischen 2012 und 2018 wurde 29 der insgesamt 3.000 Angestellten im Krüger-Nationalpark eine Zusammenarbeit mit Wilderern nachgewiesen. Das lässt zwei Schlüsse zu: Entweder arbeiten tatsächlich fast alle Beschäftigten gewissenhaft oder die Sicherheitskräfte schaffen es nicht, gegen Korruption zu ermitteln. Dabei wird ein enormer Aufwand betrieben. Seit 2018 setzt der Park eine umstrittene Abwehrmethode ein und unterzieht Angestellte einem Lügendetektortest. Dessen Ergebnisse darf die Parkleitung zwar nicht gegen ihre Belegschaft verwenden, aber sie hofft doch auf Anhaltspunkte.[17] Wer hier arbeitet, muss zudem unterschreiben, keine Informationen an Fremde weiterzuleiten. Das Misstrauen ist groß. Involviert in die illegalen Aktivitäten sind denn auch viele außerhalb des Parks, die für den Staat oder in der Privatwirtschaft arbeiten, ob bei Frachtunternehmen, dem Zoll, Hafen- oder Flughafenbehörden. Selbst Botschaftspersonal schmuggelt immer wieder illegale Güter über die Grenze – geschützt durch seine Immunität. Nur weil solche Akteure Rückendeckung haben, kann der größte Teil des Horns das Land über gewöhnliche Flughäfen verlassen. Die Aufrechterhaltung von Gesetz und Ordnung ist angesichts solcher Zustände extrem schwierig.

Koordinierung III: Gewalt

Anders als in Mosambik und Südafrika schaut die lokale Polizei bei La Salada gewöhnlich ganz bewusst weg. Das Areal ist an Markttagen ein rechtsfreier Raum. Das nutzen Diebe aus. Dennoch geht es weitgehend friedlich zu – physische Gewalt wie Schießereien findet nur selten statt. Ordnung versuchen die vermietenden Personen der Marktstände zu schaffen, indem sie private Sicherheitsleute bezahlen. Bei Diebstählen verhalten sich die illegalen Geschäftsleute auffällig gelassen. Das ist aus ihrer Perspektive rational, schließlich können sie einen Diebstahl nicht anzeigen, ohne ihr illegales Tun aktenkundig zu machen. Von Selbstjustiz sehen sie gewöhnlich ab. Wer wisse schon, wie jemand auf den Vorwurf reagiere, geklaut zu haben, erklärt ein Händler dieses passive Verhalten. Außerdem wolle man keine potenzielle Kundschaft abschrecken, ergänzt ein anderer Händler: »Man muss cool bleiben, du kannst kein großes Theater machen.« Konflikte und Gewalt gelten bei allen, die am Markt teilnehmen, als geschäftsschädigend.

Hier wird deutlich, was der Soziologe Niklas Luhmann meint, wenn er vom Recht als einem Mittel zur »Konfliktlösung« spricht. Nicht nur die Durchhaltbarkeit normativer Erwartungen, sondern auch zahlreiche andere gesellschaftliche Funktionen und alltägliche Verhaltenskoordinationen seien darauf angewiesen, dass Menschen sich so verhalten, wie das Recht es vorschreibt, also zum Beispiel ihre Hotelrechnung bezahlen, sich an die Vorschriften des Straßenverkehrs halten und vor allem davon absehen, andere mit physischer Gewalt zu bedrohen, schreibt er in *Das Recht der Gesellschaft*. Schon in legalen Kontexten stießen Akteure auf »enge Grenzen« bei der »Inanspruchnahme einer rechtlich geregelten Konfliktlösung«, besonders dort, wo die Beteiligten auf Fortsetzung ihrer Beziehungen Wert legten und deshalb die Juridifizierung ihrer Konflikte scheuten.[18] Aber sie hätten immerhin die Möglichkeit, ihr Recht durchzusetzen, und könnten potenziell eine Auseinandersetzung suchen. Auf illegalen Märkten fehlt diese zentrale Voraussetzung. Deswegen gehen die Beteiligten hier Konflikten aus dem Weg oder akzeptieren die Probleme. Daraus speist sich eine Art fatalistische Haltung vieler Akteure.

Generell lösen Akteure auf illegalen Märkten Konflikte viel seltener mit Gewalt, als es der landläufigen Vorstellung entspricht. Gewalt spielt meist mehr als Möglichkeit denn als Realität eine Rolle – selbst auf dem Markt für illegales Rhinozeroshorn. Hier werden Menschen zwar bedroht, damit sie bestimmte Handlungen ausführen oder tolerieren, und wer sich nicht an Abmachungen hält, wird bestraft – wenn etwa Wilderer bestelltes Horn an jemand anderen verkaufen, als mit dem lokalen Auftraggeber abgemacht war. Ein Kingpin, wie die lokalen Bosse der Wilderer heißen, erzählt, er lasse in einem solchen Fall den Wilderer und dessen Familie holen. Allerdings scheint es zumindest auf der mosambikanischen Seite des Krüger-Nationalparks selten notwendig zu sein, dass Gewalt angewendet wird, um die eigenen Interessen durchzusetzen, weil der Kingpin seine Crew meist persönlich engagiert und oft enge Verbindungen zu den beteiligten Großfamilien pflegt. Auf diesem illegalen Markt kommt es nur sporadisch zu Gewalt unter den Wilderern, häufig aber zwischen Wildhütern und -dieben.

Akzeptierte Illegalität

Einzelne Markthandlungen oder ganze Märkte können illegal sein, zugleich aber von der Bevölkerung vollständig oder teilweise akzeptiert werden, was wiederum beeinflusst, wie Gesellschaften insgesamt mit illegalen Märkten umgehen. Die soziologische Forschung befasst sich mit dieser Frage anhand der Dimension der Legitimität und

Illegitimität. Max Weber definiert den Begriff »legitim« nicht als »objektive Eigenschaft«, sondern als »subjektiven Glauben«.[19] Wenn Menschen verbotene Markthandlungen als legitim betrachten, wirkt sich dies auf ihr Verhalten aus. Einen Film im Internet streamen, gefälschte Markenprodukte kaufen, Zigaretten schmuggeln oder handwerkliches Fachpersonal schwarz beschäftigen, gilt etwa in den Augen vieler Menschen als legitim, und deswegen machen es entsprechend viele – trotz Verbots. Geschützte Tierarten töten, Kinder in die Prostitution zwingen oder harte Drogen verkaufen, halten die meisten Mitmenschen dagegen für höchst illegitime Handlungen. Hier decken sich die Gesetze mit den Einstellungen der Bevölkerung. Die Legitimitätsvorstellungen hängen stark mit moralischen Bewertungen zusammen. Eine dafür typische Äußerung wäre: »Es ist illegal, aber legitim, weil der Schaden minimal ist.« Eine Ausnahme wäre, wenn jemand die Schädlichkeit des eigenen Handelns anerkennt, aber trotzdem an ihm festhält, einfach weil viele andere das auch tun, beispielsweise eine Putzfrau schwarz beschäftigen.

Was als legitim angesehen wird, variiert zwischen Gesellschaften und Milieus und verändert sich mit der Zeit. So waren Schwarzmärkte nach dem Krieg in Deutschland verboten. Obwohl der illegale Handel mit überlebensnotwendigen Gütern teilweise drakonisch bestraft wurde, war er in den Augen großer Teile der Bevölkerung und sogar mancher Autoritäten sozial legitim.[20] Ende 1946 hielt Kardinal Josef Frings im kriegszerstörten Köln eine Predigt. Zum siebten Gebot, »Du sollst nicht stehlen«, sagte er: »Wir leben in Zeiten, da in der Not auch der Einzelne das wird nehmen dürfen, was er zur Erhaltung seines Lebens und seiner Gesundheit notwendig hat, wenn er es auf andere Weise, durch seine Arbeit oder durch Bitten, nicht erlangen kann.« Die Menschen sprachen daraufhin vom »Fringsen« als Bezeichnung für Stehlen aus blanker Notwendigkeit.[21]

Das Gleiche gilt heute zum Beispiel für das illegale

Schürfen und Handeln von Diamanten in Sierra Leone. Beides genießt ein hohes Maß an sozialer Legitimität unter den Einheimischen, anders als in großen Teilen der Weltbevölkerung. Die Leute seien arm und müssten doch ihr tägliches Brot irgendwie verdienen, sagt ein Polizist. Angesichts der großen Armut und der gleichzeitig verheerenden Zustände in den Gefängnissen erscheint es ihm völlig unangemessen, einen Schürfer oder Händler festzunehmen. Ab und zu beschlagnahmen die Behörden Werkzeuge, härter fallen die Strafen gegen illegales Schürfen selten aus. Werden illegale Marktpraktiken von großen Teilen der Bevölkerung in einem hohen Maß als sozial legitim betrachtet, ist es wahrscheinlicher, dass der Staat sie weitgehend toleriert und einschlägige Gesetze nicht durchsetzt.

Bei den illegalen Diamantenhändlern beruht die hohe soziale Legitimität auf ihrer Rolle für das Gesamtsystem des Marktes. Die illegalen Mittelsmänner erfüllen aus Sicht vieler Markt- und Staatsakteure eine positive Funktion. Schließlich sorgen sie dafür, dass die illegalen Steine ihren Weg in die legalen Strukturen finden, bevor sie exportiert werden. Denn die illegalen Händler*innen verkaufen die Steine gewöhnlich an legale Händler*innen oder lizenzierte Exporteure. An der Legalisierung sind oft auch Staatsmitglieder beteiligt, indem etwa ein regionales Bergbaubüro einem illegal geförderten Stein die notwendige Lizenznummer gibt oder zumindest erlaubt, in den Weiterverkaufs- und Exportpapieren das Feld für die Lizenznummer der Mine freizulassen, in der der jeweilige Diamant gefunden wurde. Bisweilen helfen Polizist*innen illegalen Händler*innen sogar dabei, gestohlene Diamanten wiederzuerlangen. Dies berichten etwa die Händler*innen eines illegalen Marktplatzes in der Kleinstadt Zimmi, in der Nähe der liberianischen Grenze. Nachdem auf ihrem Markt ein Diamant gestohlen worden war, positionierten sich illegale Kaufleute an allen Kontrollpunkten in

Richtung der nächstgrößeren Städte, um die Polizei auf den Räuber aufmerksam zu machen und so seine Festnahme zu ermöglichen.

Die soziale Rechtmäßigkeit des illegalen Diamantenhandels basiert auf seiner Einbindung in marktübergreifende Sozialstrukturen. Über familiäre und religiöse Netzwerke, Dorfgemeinschaften, Patronage- und Korruptionsbeziehungen teilen illegale Mittelsmänner ihre Gewinne mit einem über den Markt hinausgehenden Personenkreis und erhöhen dadurch die Legitimität ihres illegalen Tuns. Befördert wird diese dadurch, dass die illegalen Märkte teils wichtige Ersatzfunktionen übernehmen. In einem gesellschaftlichen Kontext, der durch hohe Arbeitslosenraten und wenige Möglichkeiten der Berufsausbildung geprägt ist, stellen die Open-Yai-Märkte für viele junge Westafrikaner die einzige Chance dar, das Handwerk der Diamantenbegutachtung und des -handels zu erlernen. Ein Banabana argumentiert: »Wir haben keine Schule. Der Open Yai ist also die Schule für die Jugend. Danach, wenn du Glück hast, öffnest du dein Büro.« Allerdings machen die illegalen Händler selbst einen bemerkenswerten Unterschied bei der Beurteilung des illegalen Marktes: Die meisten von ihnen halten das Schürfen von Diamanten und den Handel mit ihnen für gerechtfertigt, den Schmuggel außer Landes aber für illegitim. »Das ist Diebstahl vom Staat«, sagt ein Händler. Diese Ansicht ist in Sierra Leone weit verbreitet. Höhere Exportsteuern auf legal ausgeführte Diamanten betrachten viele als notwendige Voraussetzung, um das Land zu entwickeln. So erklärt etwa ein illegaler Schürfer, dass er seine Funde vorzugsweise an legale Händler verkaufe, da diese Steuern bezahlten: »Entwicklung ist mir sehr wichtig.«

Das Töten wilder Tiere, die vom Aussterben bedroht sind, halten dagegen die meisten Menschen heute für illegitim, vor allem wenn es sich um sogenanntes »charismatisches Großwild« handelt. Gleichzeitig mobilisieren

Staaten – angetrieben von internationalen Tierschutzorganisationen – eine Menge personeller und materieller Ressourcen, um Tierschutzgesetze durchzusetzen und das illegale Töten von Nashörnern zu unterbinden, besonders in Südafrika. Im Krüger-Nationalpark sollen Armee, Wildhüter, private Geheimdienste und Sicherheitsfirmen dafür sorgen. Ihr Vorgehen gegen die Wilderer koordiniert ein ehemaliger Apartheidsgeneral. Dabei durchkämmen die Sicherheitskräfte mit den neuesten Technologien den Park, der mit einer Breite von 350 Kilometern und einer Länge von 54 Kilometern einer der größten Nationalparks der Welt und zudem mit privaten Ländereien verbunden ist, auf denen Privatreservate teilweise auch Nashörner halten. Selbst dort gehen die Wilderer auf Jagd.

Angola ist damit ein eindrückliches Beispiel für die Militarisierung des Artenschutzes, die so weit geht, dass einige Beobachter von »grünen Kriegen« beziehungsweise »grüner Gewalt« sprechen – gewaltsame Auseinandersetzungen im Namen des Umweltschutzes, bei denen oft die angestammte Bevölkerung kriminalisiert und vertrieben wird.[22]

Aber warum floriert der illegale Handel mit Rhinozeroshorn trotz der Militarisierung des Tierschutzes, strengerer Gesetze und Kampagnen mit dem Ziel, die Nachfrage in den Konsumentenmärkten Asiens zu senken? Und vor allen Dingen: Warum beteiligen sich Menschen an den illegalen Machenschaften? Schließlich ist das Risiko für einen Wilderer ziemlich hoch, er kann von Sicherheitskräften getötet, von einem Löwen zerfleischt oder ins Gefängnis gesteckt werden. Zwar dürfen Wildhüter in Südafrika – anders als etwa in Simbabwe oder Botsuana – nur von der Schusswaffe Gebrauch machen, um sich selbst zu verteidigen. Ungeachtet dessen wurden alleine im Krüger-Nationalpark zwischen 2010 und 2014 rund 200 Menschen erschossen. Offizielle Statistiken gibt es dazu nicht. Nach Schätzungen auf der Basis mosambikanischer Quellen sind mindestens tausend aus Mosambik stammende Wilderer in den letzten zehn Jahren im Krüger-Nationalpark und in benachbarten Privatreservaten ums Leben gekommen. Dabei wurde auch ein Wildhüter im Krüger-Nationalpark von Wilderern 2018 erschossen und mehrere bei Schusswechseln schwer verletzt. Es gab zudem vereinzelte sogenannte »Blue on blue«-Vorfälle, bei denen Wildhüter versehentlich von anderen Sicherheitskräften getötet oder angeschossen wurden. Alleine 2018 wurden in Südafrika 365 Rhinozeroswilderer und 36 Händler verhaftet, 229 Wilderer davon im Krüger-Nationalpark und in seiner Umgebung – 40 mehr als im Vorjahr.

Wichtige Motive für die Wilderer sind Gier oder das Aufbegehren gegen soziale Ungleichheit, aber auch ihre Erfahrungen mit Umwelt- und Tierschutz sowie Fragen der sozialen Gerechtigkeit. Moralische Bedenken gegenüber ihrem Tun äußern befragte Wilderer fast nie. Aber auch ein gehöriger Teil der lokalen Bevölkerung, die selbst nicht wildert, hält es für legitim, Nashörner zu töten. Wer nachhakt, bekommt häufig die gleiche Geschichte zu hören: Ihre Vorfahren seien in der Vergangenheit von ihrem angestammten Land vertrieben worden, etwa durch koloniale Enteignung oder die Gründung von Nationalparks. Nach dem traditionellen Paradigma des Naturschutzes – der sogenannten »fortress conservation« – ist ein harmonisches Zusammenleben von Menschen und wilden Tieren ausgeschlossen. Viele Tierschützer aus dem Globalen Norden bemühen das Bild leerer Naturräume in Afrika, die als Reservate für Tiere genutzt werden können. Eine solche Vorstellung eines wilden afrikanischen Garten Edens geht an der Realität vorbei. Schließlich haben in diesen Gebieten immer Menschen gelebt, übrigens jahrtausendelang in Koexistenz mit Wildtieren. Davon zeugen archäologische Stätten und heilige Orte. Aus solchen Gründen sind viele Menschen vor Ort skeptisch gegenüber dem heutigen Tierschutz. Auch das Washingtoner

Artenschutzübereinkommen (CITES) – ein Pfeiler des modernen Arten- und Tierschutzes – erachten vor allem viele Menschen im südlichen Afrika als illegitim und neokolonialistisch, weil es noch von der Apartheidsregierung unterzeichnet und umgesetzt wurde und die früheren Kolonialmächte das Sagen bei CITES haben. Zudem weiß die arme schwarze Bevölkerung in der Nähe der Nationalparks darum, wie viel Geld weiße Geschäftsleute auf legale Art und Weise mit den Nashörnern verdienen, durch den Verkauf lebender Tiere, Tourismus oder die Trophäenjagd. Man muss diesen Hintergrund kennen, um zu verstehen, warum mancher Wilderer sein illegales Tun als eine »Form des sozialen Protests« beschreibt. Aber es lässt sich schwer überprüfen, ob jemand davon wirklich überzeugt ist oder das Argument nur vorschiebt, um sein illegales Tun zu rechtfertigen.

Bald nachdem die Holländer im 17. Jahrhundert in Südafrika angelandet waren, erklärte ihr Anführer Jan van Riebeeck die Wildtiere rechtlich zur *res nullius*. Damit gehörte ein Wildtier demjenigen, der es fing oder tötete. Wer die Wildtiere auf seinem Grund umzäunen konnte, der besaß sie. Längst ist aus der ursprünglichen Praxis ein großes Geschäft geworden. In den 1960er Jahren siedelte der Staat gezielt Nashörner, Elefanten und andere Tiere aus Parks mit größeren Populationen in andere Parks und auf Privatfarmen um. Das sollte dem Arterhalt dienen. Indem man die Tiere verteilte, sollte beispielsweise das Risiko gesenkt werden, dass beim Ausbruch einer Krankheit schnell große Teile der Population sterben. Anfangs mussten die Farmer noch dazu überredet werden und erhielten sogar Subventionen. Nach dem Ende des Apartheidsregimes entschieden sie sich dann aber selbst dazu, in großem Stil Wildtiere zu halten – aus gutem Grund: Dank spezifischer Verwahrprogramme mit besonderem Landrecht konnten sie so ihren privaten Grundbesitz sichern. Von dieser Regel profitierten fast nur Weiße, weil die schwarze Bevölkerung zur Zeit der Apartheid kein Land erwerben durfte. An den ungleichen Eigentumsverhältnissen hat sich in der Republik wenig geändert. Entsprechend halten schwarze Farmer auf ihren Flächen nur 0,5 Prozent der südafrikanischen Spitzmaulnashörner in Verwahrprogrammen.

Fast 80 Prozent aller Nashörner auf der ganzen Welt leben in Südafrika, es sind rund 29.500 Tiere. Laut Verband der privaten Rhinozerosbesitzer (PROA) halten Privatleute davon etwa 7.000 Tiere. Die Farmer dürfen die Rhinozerosse lebend verkaufen, wenn dies genehmigt wird, oder auch für die Trophäenjagd freigeben. Außerdem können sie Rhinozeroshorn »ernten«, weil es nachwächst – anders als etwa Elefantenstoßzähne.[23] Bislang ist nur der Verkauf innerhalb Südafrikas erlaubt, wo die Nachfrage aber gering ist, weil die Menschen dem Horn keine besondere Bedeutung beimessen.

Der internationale Handel ist nach dem Washingtoner Artenschutzübereinkommen verboten. Allerdings arbeitet die Lobby der privaten Nashornbesitzer darauf hin, dass der internationale Handel mit Horn erlaubt wird. »Wenn ich das Tier kaufe, gehört es mir. Wenn ich will, dass du es erschießt, kannst du es erschießen«, sagt der Großwildzüchter Dawie Groenewald gegenüber *National Geographic*.[24] Es gibt also eine legale Ökonomie, die das Töten von Nashörnern erlaubt. Von ihr profitieren nahezu ausschließlich weiße Großgrundbesitzer, während die meist illegalen schwarzen Jäger als Wilderer bezeichnet werden.

Die Nashornwilderei ist in die Dorfgemeinschaften eingebettet, die um die Parks herum liegen. Die dortigen Verhältnisse haben sich durch die illegalen Praktiken verändert – vor allem die soziale Schichtung der Gemeinschaft. Die Dorfgesellschaften sind nicht per se mitschuldig am Töten der Tiere. Doch kennen die Mitglieder der Gemeinschaft die Chefs und Wilderer, wissen um deren Verbindungen und decken sie. Zwar sind die Dorfgemeinschaften sozial heterogen, aber sie teilen die Erfahrung von wirtschaftlicher Vertreibung, Marginalisierung oder Ausgrenzung – das verbindet sie, trotz aller Unterschiede. Das nutzt den Kingpins und den Wilderern. Sie lösen das Problem der Sicherheit für diesen illegalen Markt, indem sie Verwandte und andere Familien des Dorfes einbeziehen. Denn sie können davon ausgehen, dass das Dorf das Geheimnis bewahrt, solange das möglich ist und das Wohlergehen der Gemeinschaft nicht beeinträchtigt wird. Gemeinhin nehmen die Dorfansässigen dort an, dass die Kingpins und Wilderer im Interesse der Gemeinschaften handeln, während der Park und die Ranger ihm entgegenstehen.

Befördert werden solche Einstellungen der lokalen Bevölkerung durch den Umgang des Staats mit der Wilderei. Aus Sicherheitsgründen haben sich etwa die Möglichkeiten der lokalen Gemeinschaften verschlechtert, Zugang zum Krüger-Nationalpark zu erhalten.

Seit dem Ende der Apartheid hatten die Menschen aus der Region heilige Stätten im Park aufsuchen oder dort bestimmte Pflanzen, Würmer oder Raupen ernten dürfen, die auf ihrem traditionellen Speiseplan stehen. Das ist jetzt nur noch selten möglich, da das Parkpersonal keine Zeit mehr hat, die lokalen Anwohner*innen zu begleiten – 90 Prozent ihrer Arbeitszeit verbringen sie mit der Bekämpfung der Wilderei. »Früher entfiel bei den Rangern 10 Prozent ihrer Arbeitszeit auf die Durchsetzung der Gesetze und 90 Prozent auf den Naturschutz«, sagt Major General Johan Jooste, lange Zeit für die Sicherheit im Park zuständig. Heute sei es umgekehrt: »Die Arbeit endet nie, ob am Tag oder in der Nacht.«[25] Außerdem stellen die Nationalparks und die Privathalter von Nashörnern mittlerweile seltener Angehörige der lokalen Gemeinschaften als Wildhüter oder Sicherheitskräfte an, aus Angst, sie könnten mit den Wilderern gemeinsame Sache machen. Das Misstrauen zwischen Park und Bevölkerung ist weiter gewachsen, auch weil private Sicherheitsdienste unerlaubt in Hütten eingedrungen sind, Straßen gesperrt oder Leute verprügelt haben. Den Wildhütern, die in der Region verwurzelt sind, gelingt es seltener als früher, zwischen den Interessen des Parks und denen der Dorfgemeinschaften zu vermitteln.

Ein Teil der lokalen Bevölkerung lehnt das Töten der Nashörner aus Überzeugung ab. Meist handelt es sich dabei um Ältere, die noch einen stärkeren Bezug zur Natur haben. Immer wieder machen sie den Jüngeren den Vorwurf, die wahren Werte nicht mehr zu kennen. »Rhinos sind sehr wichtig für die Wirtschaft unseres Landes und für die Zukunft der jungen Menschen. Wenn alle Rhinos ausgelöscht sind, hat unsere Jugend nichts mehr, um darauf aufzupassen«, sagt Lazarus Hoxobeb, Chef des namibischen Reservats Khoadi und der Hôas Conservancy. Und dann gehen reguläre Jobs wie der von Wildhütern verloren, die ohnehin schon rar gesät sind im südlichen Afrika. Immer mehr Menschen sind dort, aber auch anderswo auf informelle Tätigkeiten angewiesen, um ihr Auskommen zu verdienen. Damit haben sich frühere Hoffnungen als irrig erwiesen, der Anteil informeller Arbeit würde stetig zurückgehen.

Treiber I: Globalisierung

Nach dem Zweiten Weltkrieg sank der Anteil der informellen Arbeit, nicht nur in den Industrieländern, sondern zeitversetzt auch in zahlreichen anderen Ländern, etwa den asiatischen Tigerstaaten Südkorea, Hongkong, Taiwan und Singapur. Das gilt auch für viele lateinamerikanische Staaten und China. Seit den 1990er Jahren nimmt der Anteil informell arbeitender Menschen global wieder zu – entgegen der früheren Annahme, sie sei ein Auslaufmodell. Zwei Milliarden Erwerbstätige arbeiten laut ILO in der informellen Ökonomie, davon sind 740 Millionen

Frauen.[26] Warum hat sich der Trend umgekehrt? Dafür gibt es mehrere Ursachen. In vielen Ländern, vor allem im Globalen Süden, hat bis heute kaum eine wirtschaftliche Modernisierung und damit einhergehend eine Formalisierung der Arbeit in größerem Ausmaß stattgefunden. Wer überleben will, muss arbeiten und findet häufig nur eine Erwerbstätigkeit in der Subsistenz- oder Schattenwirtschaft. Hinzu kommen Rückschritte in Ländern, in denen zuvor eine beträchtliche Formalisierung der Arbeit erreicht worden war. Neue Inseln der Informalität sind in den vergangenen Jahrzehnten entstanden, wie der Schattenmarkt für Bekleidung in Argentinien zeigt. Dieses Land gehört immerhin zur Gruppe der größten zwanzig Industrie- und Schwellenländer. Am dortigen Markt für illegale Bekleidung lässt sich gut beobachten, wie im Zuge der Transformation des globalen Kapitalismus eine lokale Schattenwirtschaft entstehen und gedeihen kann. Die Basis dafür bilden die Menschen, die bei der Globalisierung verloren haben – und dies in doppelter Hinsicht: als Produzierende und als Konsumierende.

Im Untergrund sprudeln Thermalquellen, daher der Name La Salada, »die Gesalzene«. Der zentrale Markt für Textilien befindet sich in Lomas de Zamora, einer Stadt mit hunderttausend Einwohnern, südlich von Buenos Aires gelegen. Früher kamen Menschen wegen der großen Kur- und Badeanlagen von weit her angereist – heute kommen sie, um billig einzukaufen. Über 18 Hektar erstreckt sich der Markt, was etwa 25 Fußballfeldern entspricht. Darauf verteilt sind rund 8.000 Stände, meist wenige Quadratmeter groß. Zu 95 Prozent bieten sie Textilien feil, die ganze Palette von T-Shirts, Hemden und Jeans bis hin zu Handtüchern und Bettwäsche. Die Textilien werden überwiegend in der Region selbst gefertigt, in mehreren zehntausend Sweatshops, unter ausbeuterischen Verhältnissen. Die Produzierenden wissen, dass ihr Tun illegal ist. Spricht man sie darauf an, rechtfertigen sie sich: Gefälschte

Kleidungsstücke verkauften sich eben besser als schlichte ohne Markenlogo, und das sei in jeder Hinsicht praktisch.[27] Dabei leben sie zumeist in bescheidenen Verhältnissen und hegen nicht die Absicht, Mafiaboss zu werden oder mit schwerer Kriminalität reich zu werden. Sie selbst definieren sich nicht als Kriminelle, sondern als Geschäftsleute, die körperlich harte Arbeit verrichten.

Die Szenerie von La Salada dominieren drei große Lagerhäuser mit tausenden Drahtgitterboxen. An jedem der drei Verkaufstage kommen laut den Organisatoren 250.000 Menschen zum Einkauf. Die meisten Stände befinden sich in dem Lager Punta Mogote, fast alle sind unterirdisch. Hier ist die Luft so schlecht, dass immer wieder Menschen in Ohnmacht fallen, weswegen sogar Rettungskräfte vor Ort sind.[28] Vollständig hat sich der Staat aus diesem illegalen Markt also noch nicht zurückgezogen.

»Reich wie ein Argentinier« war Anfang des 20. Jahrhunderts eine geläufige Redewendung in Europa, als der Lebensstandard dort höher war als in Deutschland oder Frankreich. Auch in späteren Jahrzehnten stiegen Löhne und Lebensstandard in dem südamerikanischen Land weiter an. Doch auf die Ölkrisen 1973 und 1979/80 folgte die Schuldenkrise der lateinamerikanischen Staaten in den 1980er Jahren, die gewaltige Verwerfungen auslöste. Nach Ende des Kalten Kriegs brachten sich Staaten, die bis dahin von der Weltwirtschaft ausgeschlossen worden waren, mit hunderten Millionen von Arbeitskräften in die globale Wirtschaft ein und sorgten für einen gewaltigen Wettbewerbsschub, bestärkt durch eine weltweite Liberalisierung der Märkte. Durch Argentinien war bereits unter der Militärdiktatur (1976 bis 1983) eine erste Liberalisierungswelle geschwappt, eine zweite gab es in den 1990er Jahren. Die Regierung verfolgte einen radikalen Kurs: Sie schaffte fast alle Zölle auf Importgüter ab und koppelte den Wert der Landeswährung, des Peso, eins zu eins an den US-Dollar, sehr zum Gefallen von Investierenden, aber zum Schrecken der Industrie, deren Wettbewerbsfähigkeit sich fortan verschlechterte. Viele Betriebe gerieten in wirtschaftliche Schwierigkeiten, ein gehöriger Teil von ihnen musste endgültig 1999 aufgrund der schweren Wirtschaftskrise in Argentinien schließen, die mehrere Jahre anhielt. Es kam zu großen Protesten wegen hoher Nahrungsmittelpreise und des ökonomischen Abstiegs vieler Menschen. Getragen wurden sie von der verarmenden Mittelschicht, was »eine historische Premiere« darstellte. In Buenos Aires entstanden einerseits Areale für Konzerne und Wohlhabende, andererseits neue Armutszonen – diese Spreizung zwischen Reich und Arm fand in vielen Metropolen statt. Die Peripherie hielt Einzug in die Zentren des internationalen Wirtschaftssystems, ob in New York, London oder Paris.[29]

Viele Menschen verloren ihre Arbeit. Manchen blieb mangels Alternativen nichts anderes übrig, als sich ein Auskommen in der nichtformalen Ökonomie zu sichern. Einige Betriebe aus der Textilwirtschaft wechselten ganz in die Schattenwirtschaft, weil sie gegen die neue asiatische Konkurrenz unter legalen Bedingungen chancenlos waren. In der Schattenwirtschaft konnten sie überleben, weil sie Steuern, Kosten für Sozialleistungen, Arbeitsschutz und vieles mehr sparten.

Illegale Sweatshops gibt es zuhauf in vielen Ländern. Sie beliefern mit ihren textilen Waren legale Betriebe, so auch in Argentinien. Daneben hat sich hier aber ein weiteres illegales Geschäftsmodell etabliert. Dabei produzieren Sweatshops auf eigenes unternehmerisches Risiko. Was ursprünglich als vorübergehende Strategie gedacht war, um wirtschaftlich zu überleben, ist für viele nichtformelle Firmen zur Normalität geworden. Mittlerweile sind auch neue Produzierende eingestiegen und haben ohne Erfahrung in der formalen Wirtschaft einen illegalen Sweatshop eröffnet, darunter viele Eingewanderte aus Bolivien. Die Verhältnisse dieses illegalen Marktes haben sich also in gewisser Weise institutionalisiert und sind heute tief in der Gesellschaft verankert. Als Drehscheibe für den Verkauf der illegal hergestellten Produkte dient La Salada. Den Markt haben einige findige Geschäftsleute 1991 gegründet. Damals hatten sich die zuvor sehr geschätzten Thermalquellen längst als vergiftet entpuppt – das Wasser war durch die Schweineproduktion kontaminiert worden. Die Pools in den Thermen waren zugeschüttet worden, die einstige Freizeitgegend hatte sich in einen sozialen Brennpunkt verwandelt.

Im Umfeld des Marktes leben tausende Familien mittelbar oder unmittelbar von dieser informellen Wirtschaft. Auf La Salada treffen sich Sweatshop-Produzierende und Kaufinteressenten, die aus ganz Argentinien anreisen. Er funktioniert wie andere große Märkte, sei es der Grand Bazaar in Istanbul oder der Teheran-Markt, und hält viele Aufgaben bereit, die Leute aus der Nachbarschaft erfüllen, indem sie etwa die Fahrzeuge der Kundschaft bewachen, auf dem Markt verkaufen oder auf der Straße Esswaren anbieten.

Mehrere Wirtschaftskrisen haben das Land in den vergangenen Jahrzehnten durchgeschüttelt, unter dem Regime linker Populisten und Populistinnen mit Vorliebe für Protektionismus genauso wie unter wirtschaftsliberalen Regierungen. Das Resultat ist verheerend: Im einst reichen Argentinien leben heute von 44,3 Millionen Menschen rund 13 Millionen unterhalb der Armutsgrenze, von denen wiederum jeder Dritte Hunger leidet.[30] Die Zahl der Menschen, die im Müll nach Brauch- und Essbarem suchen, hat zugenommen. Zuhauf sind Menschen dazu gezwungen, dort einzukaufen, wo es am billigsten ist. »Die Käufer lieben uns, weil wir es ihnen ermöglichen, das zu kaufen, was sie brauchen, und auch noch etwas übrig haben, um sich zu verwöhnen«, sagt Jorge Castillo, einer der Organisatoren von La Salada: »Die Verkäufer lieben uns, weil wir ihnen ihr hart verdientes Geld nicht wegnehmen.«[31] Es gibt keine harten Zahlen für die auf dem Markt erzielten Umsätze. Aber die Organisatoren schätzen, dass täglich Waren im Wert von 150 bis 300 Millionen Pesos umgesetzt werden, was 400.000 bis 800.000 US-Dollar entspräche.[32] Neben dem Hauptmarkt gibt es hunderte kleinere Ableger in Argentinien und den Nachbarländern, sogenannte Saladitas.[33]

Treiber II: Wohlstand

Während vor allem ärmere Menschen diesen illegalen Bekleidungsmarkt am Laufen halten, sind es auf dem illegalen Markt für Nashorn wohlhabende Menschen aus Asien, in deren Kultur und traditioneller Medizin das Horn des Rhinozeros einen besonderen Wert besitzt. Heiler setzen es seit über 4.000 Jahren in pulverisierter Form ein: gegen Fieber, Erkältungen oder sogar Krebs. Eine wissenschaftlich nachgewiesene Wirkung hat das Mittel nicht, aber das tut der Nachfrage keinen Abbruch. Asiat*innen kaufen das Horn aber auch aus anderen Motiven. Für viele ist es ein wichtiges Statussymbol und deswegen ein ganz besonderes Geschenk. Früher nutzten die Heiler das Horn asiatischer Rhinozerosarten, ebenso die Pflanzen, die die heimischen Nashörner fressen und denen eine indirekte Heilwirkung zugeschrieben wird. Aber nachdem es dort nur noch einige Dutzend Nashörner gibt, die streng bewacht werden, hat sich die Nachfrage nach Afrika verlagert. Zusätzlich heizen Kriminelle aus aller Welt die Nachfrage an, indem sie es als Währung zur Geldwäsche nutzen. Investoren sehen darin eine profitable Kapitalanlage. Ihr Kalkül ist, dass der Wert der Anlage umso höher steigen wird, je stärker die Population der Art schrumpft.

In Asien profitieren viele Menschen von der Globalisierung. Hunderte Millionen Menschen haben den

Sprung aus der Armut in die Mittelschicht geschafft. Es gibt mittlerweile gewaltigen Reichtum. Alleine in China leben heute über 1,6 Millionen Milliardär*innen – 2006 waren es neunmal weniger.[34] Und damit können sich immer mehr Asiat*innen die begehrten exotischen Tierprodukte leisten, ob Elfenbein, Tigerknochenpaste oder Nashornmehl – viele zahlen bereitwillig die exorbitanten Preise, die dafür verlangt werden. Ein Kilo Nashorn kann ohne weiteres 50.000 US-Dollar kosten, mehr als Gold. Da die beiden Hörner eines Spitzmaulnashorns im Schnitt gut zwei Kilogramm und die des Breitmaulnashorns fünf Kilogramm wiegen, kommen zwischen 100.000 und 250.000 US-Dollar zusammen. Das lockt stetig weiter Kriminelle an und bedeutet für immer mehr Tiere das Todesurteil. Dabei profitiert ein ganzes Netz von Handelnden: internationale Exporteure und Schmuggler, nationale Kuriere und Zwischenhändler, Geschäftsleute vor Ort und die Gangs der Wilderer, Pseudojäger oder Privatbesitzer von Tieren.

Die Menschen im südlichen Afrika machen sich selbst nicht viel aus dem Material. Die indigenen Einwohner jagten früher nur selten Nashörner, weil das Fleisch in der Hitze mangels Kühlmöglichkeiten schnell verdarb. Stattdessen erlegten sie vor allem kleinere Tiere. Die großen Tiere wurden in den Savannen und Steppen Afrikas in großem Stil erst später getötet. Im 19. Jahrhundert etablierte sich als Hobby der reichen und adligen Kolonialisten die Großwildjägerei. Besonders interessierten sie die Trophäen von Löwen, Leoparden, Elefanten, Büffeln und Nashörnern, die sogenannten »Big Five«. Regelrecht dezimiert wurde der Bestand von Elefanten und Nashörnern während der Buschkriege in den 1970er bis 1990er Jahren. Sowohl Regierungen als auch Rebellen erlegten die Dickhäuter reihenweise und kauften mit dem Erlös von Elfenbein und Rhinozeroshorn Waffen, in Angola ebenso wie in Namibia oder Simbabwe (damals Rhodesien).

Einen wichtigen Schritt vollzog die Staatengemeinschaft mit dem Washingtoner Artenschutzübereinkommen, die »Convention on International Trade in Endangered Species of Wild Fauna and Flora« (CITES) trat 1975 in Kraft. Zwei Jahre später wurde der internationale Handel mit Nashorn verboten. Aber der Bann betrifft nur den Handel zwischen Staaten und lässt Ausnahmen zu: So dürfen lebende Tiere weiterhin verkauft werden, selbst die Trophäenjagd ist unter bestimmten Voraussetzungen nach wie vor erlaubt. Agenturen werben bis heute ganz offen im Internet für Nashornjagden, empfehlen passende Waffen und Munition und erklären die Anatomie des Tieres, damit der Schuss gelingt.[35]

Diese legale Form, die Tiere zu töten, nutzen Kriminelle für ihre Belange aus. So bezahlten vietnamesische Kriminelle 2003 Strohleute im südlichen Afrika dafür, sich als Großwildjäger auszugeben und Nashörner für den internationalen illegalen Markt zu schießen. Diese Betrugsmasche bezeichnet die Polizei als »Pseudo-Jägerei«. In ähnlicher Manier engagierte eine laotische Bande eine ganze Gruppe thailändischer Prostituierter, die in Südafrika lebten. Jede erhielt umgerechnet 475 Euro, um als Jägerin aufzutreten. Nachdem solche Machenschaften aufgeflogen sind, änderte Südafrika die Regulierung. Ein Großwildjäger muss nun Mitglied in einem Jagdverein sein und Erfahrung in der Großwildjagd nachweisen. Vietnamesische Staatsangehörige erhielten erst einmal keine Abschussgenehmigungen mehr in Südafrika. Kriminelle engagieren aber weiterhin ausländische Großwildjäger, etwa aus Polen, der Slowakei oder Ungarn. Sie fliegen ein, erlegen ein Tier, führen die Trophäe legal aus und geben sie dann weiter an ihre kriminellen Auftraggeber. Hier stößt die Strafverfolgung an rechtliche Grenzen. Als polnische Behörden etwa kontrollieren wollten, ob bestimmte Trophäen in der Hand von Großwildjägern geblieben waren, beriefen sich diese auf ihre Privatsphäre und verweigerten den Behörden den

Zugang zu ihrem Wohnbereich. Kriminelle besorgen sich Nachschub aber auch durch Diebstahl aus Sammlungen, Museen und Galerien. Aus Angst davor schließen Naturkundemuseen die Präparate heute weg. Weil die Nachfrage weiter gestiegen ist, fokussieren sich die Kriminellen wieder auf die Beschaffung der Ware durch Wilderei, die ihnen einfacher und lukrativer erscheint als Betrug und Diebstahl.

Das Geschäft der Pseudo-Jägerei betrieben vor allem südafrikanische Farmer und Geschäftsleute, die das Horn an kriminelle Netzwerke in Asien verkauften. Dabei nutzten sie regelmäßig Kontakte, die seit Zeiten der Apartheid und des Kalten Krieges bestanden. Aus ihren Kreisen stammt auch die Idee, sich das Horn in großem Ausmaß durch Wilderei zu beschaffen. Den Anstoß für die Wilderei hätten weiße südafrikanische Geschäftsleute gegeben, geben mehrere befragte Kingpins und Wilderer an. Diese Geschäftsleute seien nach Mosambik gekommen und hätten dort Einheimischen hohe Summen für das Horn geboten. Für sie war das trotzdem ein sehr gutes Geschäft, denn die Wilderer verlangten im Jahr 2009 nur 1.900 US-Dollar pro Kilogramm, ein Zehntel des damaligen Preises für Pseudo-Jägerei. Das Töten der Tiere überließen die Kingpins bald anderen – sie rekrutierten dafür Wilderer aus Dörfern, die an den Krüger-Nationalpark angrenzen.

Der illegale Markt funktioniert bis heute dank eines weitverzweigten Netzwerks. Auf den unteren Stufen sind die Wilderer, Sangomas (traditionelle Heiler), Waffenverleiher, Diebe und lokalen Schmuggler aktiv, auf der mittleren Stufe Lokalpolitiker, Jagdveranstalter, Transportunternehmer, Großwildfarmer und auf der oberen die Bandenchefs, die das Horn an internationale Schmugglerringe verkaufen. Dabei erhalten die Organisatoren des Marktes den Löwenanteil des Gewinns.

Im Gegensatz zu den Wilderern spielen die Jagdgruppen aus der Großwildindustrie in der öffentlichen Diskussion nur eine geringe Rolle. Das erinnert an die normative Unterscheidung von weißen Jägern (der »gute« Jäger) und dem schwarzen Wilderer (der »böse«, moralisch inakzeptable Jäger).

Anfang dieses Jahrtausends war die Wilderei von Nashörnern im südlichen Afrika noch selten, nur sieben Tiere wurden im Jahr 2000 illegal getötet. Danach stieg die Zahl sprunghaft an. Zwischen 2012 und 2016 waren es bereits mehr als 5.000 Nashörner, etwa zwei Drittel davon im Krüger-Nationalpark. Das Jahr 2016 markierte einen Tiefpunkt für die Tierart: Seitdem sterben mehr Nashörner in freier Wildbahn, als Artgenossen geboren werden. Hält diese Entwicklung an, werden Nashörner in wenigen Jahren aus freier Wildbahn ganz verschwunden sein und nur noch in Zoos und Privatgehegen leben.

Treiber III: Krieg

Auch auf anderen Märkten bestehen trotz neuer Gesetze illegale Strukturen fort. Sierra Leone und die Legalisierung von Diamanten – das sind Stichpunkte einer internationalen Kampagne gegen einen illegalen Markt, die zunächst als Erfolgsgeschichte galt. Schließlich ist der legale Diamantenexport aus dem westafrikanischen Land um das über Hundertfache gestiegen, seit im Jahr 2000 erstmals ein Ursprungszertifikat für sierra-leonische Rohdiamanten unter UN-Mandat eingeführt wurde. Anhand der Situation in Sierra Leone lässt sich aber auch aufzeigen, wie schwierig die Legalisierung eines illegalen Marktes ist, wenn dort ein großer Teil der überwiegend armen Bevölkerung seinen Lebensunterhalt verdient. Die Gründe hierfür sind historischer Art.

Als in den 1930er Jahren die ersten Diamanten entdeckt worden waren, vereinnahmte die englische Kolonialmacht das Land. Heute würde man von »Landgrabbing« sprechen.

Anschließend vergaben sie die Schürfrechte an einen Trust, dessen spätere Tochtergesellschaft in den folgenden 35 Jahren Diamanten in großem Stil abbaute. Dafür benötigten sie nur wenige Arbeiter*innen. Um Diebstahl zu verhindern, wurde der Zugang der ansässigen Bevölkerung zu den an Diamanten reichen Gebieten eingeschränkt und kontrolliert. Die Lizenz des Trusts erstreckte sich über das gesamte Staatsgebiet und war exklusiv. Legale Schürfrechte für Bürger*innen waren nicht vorgesehen. Folglich nahm zeitgleich mit dem legalen Bergbau auch der illegale Abbau der wertvollen Steine seinen Anfang, begünstigt von der Geologie. Denn während etwa in Südafrika oder Botsuana die Diamanten vor allem in sogenannten Schloten konzentriert tiefer im Boden lagern, finden sie sich in Sierra Leone breit verstreut in bodennahen Gesteinsschichten. Die Menschen müssen nur wenig graben, um an die diamantenhaltige Schotterschicht zu gelangen, woraufhin sie das Geröll sieben und waschen.

Der sierra-leonische Diamantenmarkt erlangte in den 1990er Jahren traurige Berühmtheit, als es zu einem blutigen Bürgerkrieg kam, der vor allem aus dem Handel mit Rohdiamanten finanziert wurde. Am 23. März 1991 begann die »Revolutionäre Einheitsfront« (RUF) in Sierra Leone ihren Kampf gegen die Regierung und eroberte unter anderem Kono, die Region mit den großen Diamantenvorkommen. Der Bürgerkrieg war der gewaltsame Höhepunkt jahrzehntelanger politischer Dysfunktion und Misswirtschaft, die einen Großteil der Bevölkerung – insbesondere junge Männer – politisch, kulturell und ökonomisch marginalisiert hatte. In den Diamantenminen Konos rekrutierte die RUF einen Großteil ihrer Kämpfer. Die RUF terrorisierte die Bevölkerung, töteten, vergewaltigten und verstümmelten Menschen und zwangen Erwachsene und Kinder in Minen, Milizen und in sexuelle Sklaverei. 2,6 Millionen Menschen flohen damals aus dem Land, 50.000 bis 300.000 Menschen wurden getötet.

Ihr Unwesen konnten die Rebell*innen vor allem wegen der immensen Geldsummen treiben, die ihnen für den Kauf von Waffen zur Verfügung standen. Laut Schätzungen der Vereinten Nationen erzielten sie aus der Veräußerung der illegal geförderten Diamanten Jahreseinnahmen von bis zu 125 Millionen US-Dollar – ausreichend Geld in einem der großen Armenhäuser der Welt, um sich jahrelang militärisch zu behaupten. Steinreich wurde der liberianische Kriegsherr und spätere Präsident Charles Taylor, der den Rebellen Waffen und Verpflegung gegen Diamanten verkaufte. Liberia wurde unter seiner Herrschaft zu einer Drehscheibe des illegalen Diamantenhandels. Sierra Leone und Liberia waren jedoch nicht die einzigen Länder, in denen der illegale Diamantenhandel in den 1990er Jahren blutige Bürgerkriege befeuerte. Auch in Angola finanzierte die Rebellenbewegung UNITA ihren Kampf gegen die Regierung mit dem Verkauf von Elfenbein, Rhinozeroshorn und eben auch mit dem Diamantenhandel.

Die internationale Gemeinschaft reagierte viele Jahre kaum auf die afrikanischen Bürgerkriege, trotz grausamster Menschenrechtsverletzungen. Das lag unter anderem daran, dass die Staaten sich in dieser Zeit vor allem mit jenen Kriegen beschäftigten, die infolge des Zerfalls des früheren Jugoslawiens in Südosteuropa ausgebrochen waren. Die internationale Untätigkeit in Bezug auf die Kriege in afrikanischen Ländern endete erst um die Jahrtausendwende. Damals lenkten Menschenrechtsorganisationen die Aufmerksamkeit der Weltöffentlichkeit auf die Gräueltaten, die mit dem Handel sogenannter »Blutdiamanten« einhergingen. Um einem Konsumentenboykott zu entgehen, willigten die führenden Vertreter*innen der Diamantenindustrie in eine Regulierung des globalen Marktes ein. Der Kimberley-Prozess wurde ins Leben gerufen. Er beruht auf einem Abkommen zwischen diamantenexportierenden und -importierenden Staaten. In dem Prozess haben sowohl zivilgesellschaftliche Organisationen als auch die Diamantenindustrie ein Mitspracherecht. Nach der grundlegenden Regel des Kimberley-Prozesses dürften Rohdiamanten nur gehandelt werden, wenn sie mit einem offiziellen Zertifikat versehen sind, das ihre »Konfliktfreiheit« bestätigt. Des Weiteren verpflichten sich die Mitgliedstaaten, auf nationaler Ebene Systeme zu entwickeln, die die Transparenz der Wertschöpfungskette garantieren. Der Weg der Diamanten soll auf diese Weise von der Mine bis zum Weltmarkt nachvollziehbar sein.[36]

An dem Prozess beteiligen sich mittlerweile neben der EU 53 Staaten, darunter nahezu alle mit Diamanten handelnden Länder, auch jene Afrikas. Doch wie viele andere Staaten hat auch Sierra Leone bis heute keine komplette Transparenz der Wertschöpfungskette etabliert. Noch immer wird ein großer Teil der Steine illegal geschürft und gehandelt. Bei handwerklich geschürften Diamanten wird der Anteil sogar häufig auf 50 Prozent geschätzt.

Grundsätzlich kann man fragen, ob eine Legalisierung des gesamten Diamantenhandels überhaupt sinnvoll ist. Schließlich würde dadurch für hunderttausende Menschen ein wichtiger Einkommensbestandteil wegfallen. Tatsächlich haben einige Menschenrechtsorganisationen, die den Kimberley-Prozess angestoßen hatten, die Initiative mittlerweile verlassen. Sie kritisieren seine laxe Umsetzung und die enge Definition des Begriffs »Konfliktdiamanten«, die weder Gewalttaten von Regierungen (etwa in den vergangenen Jahren in Simbabwe) noch menschenrechtswidrige Arbeitsbedingungen umfasst.

2 Arbeiten und Leben auf illegalen Märkten

Diamantenschürfen und -handeln in Sierra Leone

Jenseits popkulturell geprägter Vorstellungen, etwa durch den in den 1970er Jahren gedrehten Film *Der Pate* oder die aktuelle Netflix-Serie *Narcos,* ist der Alltag auf illegalen Märkten meist ziemlich prosaisch. Das gilt auch für die Schürfer von Diamanten im Osten Sierra Leones, nicht weit von der Grenze zu Guinea, wo sich Graslandschaften mit dichten Wäldern abwechseln. Unter dem bedeckten Tropenhimmel klaffen tausende Erdlöcher in der Vegetation. In vielen wühlen Menschen. Man hört knirschende Spaten, knatternde Wasserpumpen, keuchende Menschen. Sie schaufeln die rostrote Erde in Eimer, tragen sie an einen Wasserlauf, kippen sie in ein Sieb. In schnellem Rhythmus heben und senken die Arbeiter die Siebe und waschen die feine Erde heraus, bis nur noch Schotter im Sieb verbleibt. Sie müssen genau hinschauen, um den weißlichen Schimmer der winzigen Rohdiamanten zu erkennen, die oft nur so groß wie grobe Salzkörner sind. Viele Male müssen die Arbeiter die Prozedur wiederholen, bis sie einen Stein finden. Dabei stehen sie bis zu den Knien im Wasser, in dem sich Bakterien, Parasiten und Mücken befinden, die Malaria übertragen. Kleine Gruppen illegaler Schürfer trifft man in der Region Kono an vielen Stellen. Es ist eine harte Arbeit, die nur kargen Gewinn abwirft.

Diese Form des kleinmaßstäblichen Bergbaus mit einfachen Werkzeugen, die man als artisanal – handwerklich – bezeichnet, wird vom großmaßstäblichen industriellen Bergbau und dem Kleinbergbau mit Maschinen abgegrenzt. Im rohstoffreichen Afrika buddeln in den meisten Ländern 5 bis 20 Prozent der Bevölkerung.[37] Die Nachfrage nach Rohstoffen ist gestiegen, damit haben sich auch die Absatzmöglichkeiten für Kleinbergbauern und Kleinbergbäuerinnen verbessert. Gleichzeitig ist die Bevölkerung wesentlich schneller gewachsen als die Zahl der formellen Jobs. Dementsprechend müssen viele Menschen in die nichtformelle Wirtschaft ausweichen. Alleine die Zahl der Kleinbergbauern und Kleinbergbäuerinnen hat sich weltweit zwischen 1993 und 2017 auf 40,5 Millionen mehr als versechsfacht. Sie fördern vier Fünftel der Weltproduktion an Saphiren und je ein Fünftel des Goldes und der Diamanten zu Tage.[38]

Wer sich unter den Schürfern in Kono umschaut, bekommt einen Einblick in die Arbeitsrealität dieser Menschen und kann beobachten, wie unterschiedlich die Gruppen vorgehen und sich organisieren. Illegal schürft, wer sich nicht an staatliche Vorgaben hält, also keine Schürferlaubnis beim Bergbauministerium und beim für das betreffende Territorium zuständigen Chief beantragt, nicht jährlich Lizenzgebühren bezahlt und seine Mine durch die Bergbaubehörde demarkieren lässt. Viele der kleinstmaßstäblichen Diamantenschürfer sind finanziell gar nicht in der Lage, die Lizenzgebühren und die Vielzahl von »Handshakes« – Bestechungsgelder – an Chiefs und Mitarbeiter*innen der Bergbaubehörde zu zahlen, die für die Vergabe einer Schürflizenz erforderlich sind.

Mehrere Typen illegaler artisanaler Schürfer lassen sich unterscheiden: So gibt es die sogenannten Gado-Schürfer, die selbstorganisiert und -finanziert Diamanten in Minen fördern. Andere sieben früher gewaschene Erde noch einmal, suchen also nach Diamanten, die ihre Vorgänger übersehen haben. »Overkicking« nennt man diese Art des Schürfens.[39] Illegale Schürfgangs sind meist egalitär organisiert. Jeder erledigt die gleichen Arbeiten und erhält dafür den gleichen Anteil an einem Fund. Dieses Prinzip der Verteilung stellt einen eklatanten Unterschied zum legalen Kleinbergbau dar, bei dem die Organisatoren den Löwenanteil des Gewinns einstreichen. Die Schürfer bekommen von ihnen neben Kost und Logis nur einen geringen Tagessatz und, wenn sie Glück haben, einen Anteil an den Verkäufen – für gewöhnlich 30 Prozent, die in der Crew aufgeteilt werden. Auch im illegalen Kleinbergbau gibt es diese Form der Organisation – Unterstützersystem (supporter system) genannt. Dabei trägt der Finanzierer einer Schürfoperation das größte Risiko und erhält mithin auch den größten Anteil am Gewinn. Wer unlizenziert und auf eigene Rechnung schürft, tut dies vor allem in der Hoffnung, im Falle eines Fundes den ganzen Gewinn behalten zu können. Manche illegalen Schürfgangs überlassen die Verteilung des Gewinns auch dem Zufall. Sie holen zwar gemeinsam die diamantenhaltige Erde aus der Grube und teilen jedem den gleichen Anteil zu. Waschen und Sieben ist dann aber Sache jedes Einzelnen, dem nur jene Steine gehören, die er selbst findet. Andere Gruppen berücksichtigen bei der Verteilung von Aufgaben und Gewinnen auch Statuskriterien wie das Alter.

Es gibt auch hierarchisch organisierte Gruppen, bei denen meistens ein Chef die Vorgaben macht, der die Unternehmung organisiert und zuweilen auch finanziert. Illegales Diamantenschürfen ist häufig eine Subsistenztätigkeit. Die Gewinne werden zum Überleben benötigt. Viele Familien planen mit diesen Einkommen, die sie zum Beispiel in den Anbau von Grundnahrungsmitteln investieren. Für manche stellt der artisanale Diamantenbergbau die einzige Quelle für Bargeld dar. Viele können ihre Gewinne nicht in die Schürfoperationen reinvestieren. Aber es gibt Ausnahmen, wie eine Gruppe Schürfer in Gbense Chiefdom zeigt: Sie haben einen gemeinsamen Fonds angelegt, in den sie anfangs eine bestimmte Summe und kontinuierlich einen Teil der Gewinne einzahlen. Damit finanzieren sie Werkzeuge, Proviant oder Unterstützung für kranke Gruppenmitglieder, denn viele Menschen bekommen hier mehrmals im Jahr Tropenkrankheiten wie Typhus oder Malaria.

In Sierra Leone liegen viele Schätze im Boden: neben Diamanten auch Gold, Mangan, Bauxit, Graphit, Platin oder Rutil. Nutzen tut das der Bevölkerung insgesamt wenig – gemessen an der Entwicklung. Das Land belegt im Entwicklungsindex der Vereinten Nationen Platz 184 unter 189 Staaten.[40] Drei von fünf Menschen leben unterhalb der Armutsgrenze, zwei von fünf Erwachsenen sind Analphabeten,[41] die Gesundheitsversorgung ist rudimentär.[42] Wer hier geboren wird, lebt durchschnittlich nur 59 Jahre – mehr als zwanzig Jahre weniger als Menschen in hochentwickelten Ländern wie Norwegen, Schweden oder Deutschland. Bis heute hat Sierra Leone eine der höchsten Raten an Mütter- und Kindersterblichkeit weltweit, eines von fünf Kindern stirbt vor seinem fünften Geburtstag.

Kono ist trotz seiner reichen Diamantenvorkommen zudem eine der am wenigsten entwickelten Regionen des Landes. Viele Menschen sind dermaßen arm, dass sie sich nicht einmal die Schaufel, den Eimer und das Sieb leisten können, die sie für das Schürfen brauchen. Die Utensilien stellt ihnen ein sogenannter »Supporter«, also ein anderer Schürfer, ein legal oder illegal agierender Diamantenhändler oder eine lokale Autoritätsperson, »Big Men«, seltener »Big Women« genannt. Oft sind sie Geschäftsleute, Chiefs oder lokale Politiker.[43] Das Spektrum der Unterstützung reicht von gelegentlicher Hilfe bis hin zu lohnarbeitsähnlichen Beziehungen. Dabei zahlt der Unterstützer Lohn und gibt Geld für Verpflegung, bisweilen auch für eine Unterkunft oder medizinische Versorgung.[44] Häufig erhalten die Schürfer aber keinen festen Lohn, sondern entweder einen Anteil am Gewinn oder einen Teil des abgetragenen Schotters. Die darin eventuell enthaltenen Diamanten gehören dann ihnen.

Diese Form der Bezahlung hat in Sierra Leone eine lange Tradition. Es handelt sich um eine Art von Naturalpacht. Sie erlaubt es zum Beispiel Grundbesitzenden und

Lizenzinhabern, die nicht über die nötigen finanziellen Mittel verfügen, eine Schürfcrew zu bezahlen, um den Boden zu bearbeiten. Das Supportsystem öffnet allerdings der Ausbeutung Tür und Tor. Manche Beobachter*innen sprechen von moderner Schuldknechtschaft.[45] Das resultiert unter anderem aus der mangelhaften Transparenz und der Unkenntnis der Schürfer, die nicht überprüfen können, wie viel Geld ihre Unterstützer*innen tatsächlich für sie ausgeben und wie viel wiederum die Diamanten einbringen, die sie ihnen verkaufen. Häufig sind sie nicht in der Lage, den Wert der Steine zu beurteilen. Denn anders als beim Gold reicht es nicht aus, einen Diamanten zu wiegen. Neben dem Gewicht bestimmen Farbe, Klarheit, eventuelle Macken und zukünftiger Schliff den Wert eines Steins, und man braucht einige Erfahrung, um sich vorstellen zu können, wie ein Diamant geschliffen aussehen wird. So ist es Unterstützer*innen leicht möglich, zu behaupten, die Schürfer stünden auch nach dem Verkauf der Steine noch in ihrer Schuld.[46] Die Unterstützer*innen würden sie wie Schuhe benutzen, erzählt einer der Schürfer, und ein anderer erklärt: »Sogar deinen eigenen Anteil wird er dir nehmen wollen.«

Viele illegale Schürfer arbeiten angesichts solcher Erfahrungen lieber auf eigenes Risiko. »Wenn ich einen schönen Diamanten finde, selbst wenn es nur ein kleiner ist, bekomme ich eine Menge Geld«, sagt ein Schürfer. Häufiger als formale Unterstützer*innen findet man im illegalen Diamantenbergbau naturgemäß informelle Unterstützung: Dabei greifen legale oder illegale Diamantenhändler unlizenzierten Schürfern meist unregelmäßig in geringfügigem Ausmaß finanziell unter die Arme. Als Gegenleistung erwarten sie, dass die Schürfer ihnen ihren Fund als Ersten zum Kauf anbieten. »Wenn ich pleite bin, unterstützt er mich manchmal«, schildert ein Schürfer den Nutzen, den seine Zusammenarbeit mit einem informellen Unterstützer hat.[47]

Die harte Arbeit des Schürfens kann praktisch jeder ausüben. Unter den Arbeiter*innen finden sich entsprechend viele Ungelernte. Sie bezeichnen diesen Job häufig als ihre einzige realistische Möglichkeit des Broterwerbs. Ein Schürfer sagt, die Bergbauarbeit gefalle ihm nicht, aber aus Armut und wegen fehlender Jobalternativen mache er weiter. Das gelte für alle Menschen, die im Diamantensektor tätig sind: »Sie mögen es nicht, aber sie haben keine andere Wahl.« Ein anderer Schürfer bemerkt: »Es ist besser, als nur zuhause herumzusitzen.« Wer vorher eine andere Tätigkeit ausgeübt hat, etwa als Schreiner, Holzfäller oder Kleinhändler, betrachtet das Schürfen meist als Übergangslösung. Alle Befragten hoffen darauf, eine andere Tätigkeit oder einen großen Stein zu finden, der ihnen den Absprung ermöglicht.

In Sierra Leone sind die Erwerbseinkommen gering, auch in der formellen Wirtschaft. Wer etwa beim Staat arbeitet, ob als Lehrerin oder Lehrer oder Polizist oder Polizistin, kann sich von seinem Gehalt oft nicht einmal die Grundnahrungsmittel kaufen. Häufig zahlt der Staat den Lohn verspätet oder gar nicht aus. Auch die Löhne in der Privatwirtschaft sind meist bescheiden, vor allem für die vielen ungelernten Arbeitskräfte, die den Großteil der Bevölkerung ausmachen. Das Gros der Familien muss Erwerbstätigkeit und Subsistenzwirtschaft kombinieren, um über die Runden zu kommen – völlig unabhängig davon, ob sie in der legalen oder der illegalen Ökonomie beschäftigt sind. Bisweilen schürfen Leute darum auch nur saisonal oder in Teilzeit. Pro Arbeitstag verdienen sie 20 Cent bis einen US-Dollar, es sei denn, sie finden einen größeren Diamanten, was aber nur selten vorkommt. Entsprechend prekär leben die Arbeiterfamilien. Häufig reicht das Einkommen nicht aus, um die Kosten für Wohnen, Nahrung und Gesundheit zu decken. Jeder finanzielle Rückschlag, jede Krankheit kann das Überleben der Familienmitglieder gefährden. Derlei Verhältnisse finden sich in ähnlicher

Form vielerorts auf der Welt. Immer mehr Menschen sind dabei auf Einkünfte aus der informellen Wirtschaft angewiesen.

»Es gibt weltweit eine Verschiebung von formeller zu informeller Arbeit«, sagte die Präsidentin von StreetNet International, Lorraine Sibanda, am Rande der Internationalen Arbeitskonferenz 2018 in Genf: Arbeit in der informellen Ökonomie sei keine Wahl, sondern eine Notwendigkeit, um zu überleben. Und wer in der informellen Ökonomie arbeite, sei nicht kriminell. Ihre Organisation vertritt 550.000 Arbeitende aus 47 Ländern, vor allem Straßen- und Markthändler*innen sowie Arbeiter*innen. Dieser Gruppe fehle es an sozialer Sicherheit, Rechtssicherheit, menschenwürdigen Arbeitsbedingungen und der Anerkennung ihrer Arbeit als legitime Tätigkeit durch die Regierungen, so Sibanda. Der Negativtrend ist ungebrochen – auch in einem reicheren Land wie Argentinien.

Nähen für den Heimatmarkt: Sweatshops in Argentinien

Wer aus Buenos Aires in südlicher Richtung fährt und an der Stadtgrenze den übelriechenden Río Matanza-Riachuelo überquert, einen der dreckigsten und giftigsten Flüsse der Erde,[48] gelangt jenseits der Brücke in die Stadt Lomas de Zamora. Jeden Dienstag, Donnerstag und Sonntag steuern Abertausende aus ganz Argentinien und den Nachbarländern die Ortschaft an – zum Einkaufen. Ihr Ziel ist der Markt La Salada, laut EU-Kommission der größte Freiluftmarkt Lateinamerikas für »gefälschte und raubkopierte Waren«.[49] Hier kaufen die Konsumierenden ein, die wenig für Kleidung ausgeben können oder wollen, oder Großhandelsunternehmen, um die Waren zu anderen Konsumierenden zu bringen. Viele schleppen Müllsäcke voller T-Shirts, Turnschuhe und Bettwäsche zu den wartenden

Bussen und bringen die Waren zu hunderten anderen kleinen Märkten – im Land selbst und den Nachbarländern Bolivien, Chile, Paraguay und Uruguay. Die Bezeichnung La Salada gebrauchen die Menschen in der Region schon lange als Synonym für informelle und illegale Märkte.

Die Schlüsselfunktion kommt auf diesem illegalen Markt denjenigen zu, die die Sweatshops betreiben, weil sie mit ihrer Produktion die ökonomischen Werte schaffen, von denen andere Akteure auf dem Markt leben – illegale und legale. Pablo lebt in einer für hiesige Verhältnisse typischen illegalen Unternehmerfamilie, sie sind aus Bolivien eingewandert, wie viele der Sweatshop-Betreiber. Montags, mittwochs und freitags produzieren die Eltern mit Pablo und seinen drei Geschwistern die Kleidungsstücke. Dienstags, donnerstags und sonntags verkaufen sie die Waren auf dem Markt. Nur samstags haben sie frei.

Pablo war zunächst misstrauisch gegenüber dem Wissenschaftler, der sich für die Verhältnisse auf dem Markt interessierte. Erst nach einigen Monaten des Kennenlernens und Vertrauenfassens war der junge Mann bereit, dem Fremden den elterlichen Betrieb zu zeigen. Groß war seine Angst, der Wissenschaftler könne sich als Journalist, Polizist oder Spitzel eines Konkurrenten entpuppen. Die erste Adresse, die er nannte, war falsch – ein Test.

Die Familie lebt und arbeitet in einem kleinen Haus mit zwei Räumen. In der Werkstatt sind die Wände feucht, Farbe blättert ab. Im Raum stehen mehrere industrielle Nähmaschinen, auf den Tischen liegen fein säuberlich sortiert Garne, Scheren und Nadeln. An den Wänden hängen Schnittmuster. In einem alten Fernseher laufen amerikanische Cartoons, auf Spanisch synchronisiert. In diesem Raum entwirft die fünfköpfige Familie neue Produkte, schneidet Muster und Stoffe zurecht und näht Markenlogos auf, ob von Nike, Adidas oder Puma. Pablo ist nicht unzufrieden mit der Situation, beschreibt sie aber alle als »Sklaven des Marktes. Weil wir Geld verdienen und weiterkommen wollen, arbeiten wir zwanzig Stunden am Tag«.

32.000 solcher kleinen Heimbetriebe gibt es schätzungsweise im Großraum Buenos Aires. Sie bilden die wirtschaftliche Basis für diverse andere Erwerbstätige, weil sie Arbeiten an andere illegale Betriebe weitergeben, etwa an Fachleute für das Nähen oder die Fertigung von Knopflöchern. Die Arbeitsteilung ist ähnlich wie in der legalen Bekleidungsindustrie. Zudem kaufen die Sweatshops in großem Umfang Waren legalen Ursprungs ein, etwa Stoffe und Garne, und nehmen diverse Dienstleistungen auf La Salada in Anspruch, indem sie beispielsweise Stände mieten. Von diesen Geldern bezahlen die, die einen Stand haben, wiederum Wachleute oder Putzkolonnen. Illegale Märkte stellen mit ihrer Nachfrage eben oft auch eine Einkommensquelle für legales Unternehmertum dar. Das ist auch auf La Salada der Fall. Zehntausende Jobs sind dort infolge der Aktivitäten der illegalen Sweatshops entstanden, also in Betrieben, die es gar nicht gäbe, wenn das Land die einschlägigen Gesetze durchsetzen würde. Mancher vergleicht La Salada mit einem Bus, der jene Menschen einsammelt, die keine Chancen mehr in der formalen Ökonomie haben, wegen fehlender Bildung oder ihres Alters oder weil sie ein anderes Handicap haben. Fragt man die Leute, warum sie hier arbeiten, antworten sie: »Wir haben keine Alternative«, »Zumindest ist es ein Job« oder »Wir stehen auf und wissen, dass wir etwas zu tun haben«. Wer in Argentinien in einem illegalen Sweatshop ausgebeutet wird, bekommt außerdem mehr Geld als die Beschäftigten, die in legalen Fabriken in Bangladesch, Kambodscha oder Myanmar arbeiten und dort den gesetzlichen Mindestlohn erhalten. Eine solch große Menge an Jobs wiegt schwer, wenn lokale Politikerinnen und Politiker abwägen, ob sie den Markt erhalten oder schließen sollen. Ein weiteres Argument ist nicht zuletzt das Angebot billiger Kleidung. Schließlich können ärmere Menschen, die sich legale Ware nicht leisten können, hier ihre Konsumbedürfnisse erfüllen. Der illegale Markt ist somit eine Art soziales Ventil. Lokale Regierungen handeln also durchaus rational, wenn sie das illegale Marktgeschehen tolerieren. Denn ein großer Anteil ihrer Wählerschaft profitiert von dem illegalen Markt, da sie schließlich in dieser Region leben. Das erleichtert politisch Verantwortlichen wiederum die Kritik an La Salada. Auf der nationalen Ebene wird der Markt tatsächlich häufig kritisiert, die auf ihm Handelnden werden stigmatisiert, als mafiös bezeichnet und damit öffentlich abgelehnt. »La Salada ist ein Emblem der Illegalität, und wir sind dagegen«, erklärte etwa die Sicherheitsministerin Patricia Bullrich 2017.[50] In der Praxis werden die Zustände jedoch akzeptiert, und das Geschäft läuft ungehindert weiter. Die große Toleranz von Seiten der Politik hat auch etwas damit zu tun, dass der Schaden für die betroffenen Markenfirmen gering ist. Schließlich kaufen nur jene die Kopien, die sich die Originale ohnehin nicht leisten können. Gleichzeitig profitieren die Markenfirmen sogar in gewisser Weise von den Produktfälschungen, weil dadurch ihr Bekanntheitsgrad größer wird, was den Absatz der Originalwaren begünstigen kann. Einen Schaden hat natürlich die Kundschaft, die eine Kopie für ein Original hält und den entsprechenden Preis zahlt.

Die Existenz illegaler Fabriken hat erhebliche Folgen: Für legal agierende Unternehmen entstehen Wettbewerbsnachteile, und die Standards für Umwelt, Soziales und Arbeit werden ausgehöhlt. Und auch wenn informell Beschäftigte im Textilmarkt Argentiniens im Vergleich zu jenen anderer Länder relativ viel verdienen, erhalten sie keine Rente und bekommen nur halb so viel Lohn wie formelle Angestellte. Dabei ist die Zahl der formellen Arbeitsstellen in den vergangenen Jahren weltweit deutlich langsamer gewachsen als die Zahl der Arbeitssuchenden. Und selbst wer einer formellen Arbeit nachgeht, hat im Globalen Süden häufig eine dürftige Existenz, wie eben die hunderten Millionen Beschäftigten in asiatischen Fabriken. Mehr als einer von drei Arbeitenden lebt heute sogar in extremer Armut.[51] Das sind keine guten Aussichten für die vierzig Millionen Menschen, die jedes Jahr zusätzlich auf den globalen Arbeitsmarkt drängen.[52]

Wer in Argentinien als Unternehmer einen kleinen illegalen Sweatshop betreibt, beutet sich in einem gehörigen Maße selbst aus. Oft muss die ganze Familie mehr als zwölf Stunden am Tag anpacken, so wie bei Pablo. Aber ihr Geschäftsmodell basiert auch darauf, dass sie andere ausbeuten, eigene Arbeitskräfte oder Selbstständige, an die sie Aufgaben wie das Zusammennähen einzelner Teile auslagern – allesamt sind diese Zuarbeiter und Zuarbeiterinnen eingewandert, oft aus Bolivien. Neben solchen Familienbetrieben gibt es große Sweatshops in der argentinischen Schattenwirtschaft, die industriell arbeiten. Sie stellen Erwerbstätige ein, die sie teilweise schlecht, teilweise aber auch anständig behandeln. Schlepperbanden sorgen für Nachschub an Arbeitskräften und greifen dabei unter anderem auf soziale Netzwerke in bolivianischen Dörfern zurück. Sie schalten auch Werbung in lokalen Medien. Der Andrang ist groß. Bisweilen konkurrieren Ausreisewillige regelrecht um die Transfers. Die Schlepper versprechen den Menschen gute Jobs und Bezahlung und organisieren die Ausreise.[53] In Buenos Aires angekommen, finden die Eingewanderten, die Arbeit suchen, gewöhnlich schnell eine Tätigkeit in einem Sweatshop oder einem anderen illegalen Markt, etwa am Bau. Manche gehen auf die informellen Arbeitsmärkte tageweise, von denen es mehrere in der Hauptstadt und der Region gibt. Hier suchen auch die Inhaber und Inhaberinnen illegaler Sweatshops regelmäßig Aushilfen zum Bügeln oder Nähen. Die formelle Wirtschaft mag in Argentinien erhebliche Probleme haben, die informelle Wirtschaft jedenfalls hat Bedarf an Arbeitskräften. Denn in Krisen steigt die Zahl der nichtformell Beschäftigten regelmäßig an.

In Sweatshops geht es oft sehr beengt zu. Häufig schlafen Dutzende in einem Raum mit vielen Betten und teilen sich ein Bad. Krankheiten breiten sich schnell aus. In solchen Betrieben kommt es auch zu Fällen von Tuberkulose, eine Krankheit, die es in Argentinien lange Zeit nicht mehr gegeben hatte.[54] Achtzehn-Stunden-Schichten für die Beschäftigten sind keine Seltenheit. Die Sweatshop-Besitzer halten sie bisweilen »wie halbe Sklaven«.[55] Denn oft müssen die eingewanderten Arbeitssuchenden dem Schlepper ihren Pass aushändigen und erhalten ihn erst zurück, wenn sie ihren Transfer komplett abbezahlt haben. Manche dürfen den Sweatshop nur mit ihrem Chef verlassen. Einige Beschäftigte trauen sich generell nicht vor die Tür, aus Angst vor einer Ausweisung, auch wenn die real nur selten vorkommt. Es ist darüber hinaus vergleichsweise einfach für Zugewanderte, in Argentinien ihren Aufenthaltsstatus zu legalisieren. Dafür müssen sie nur einige wenige Voraussetzungen erfüllen, beispielsweise eine bestimmte Zeit im Land gelebt haben und nicht vorbestraft sein. Aber das wissen die Zugewanderten häufig zumindest am Anfang nicht.

Manche/r Befragte beschreibt die Tätigkeit in den Sweatshops als Lernphase, die notwendig ist, um später ein eigenes Geschäft eröffnen zu können. Javi, ein Sweatshop-Arbeiter, meint: »Ich habe schon genug Zeit als Bügler gearbeitet, daher möchte ich bald einen ›workshop‹ für mich alleine haben.« An Geräten und Materialien für einen Sweatshop braucht man nicht viel: eine Nähmaschine, Handfertigkeit und Geld für Stoffe, Garne und Knöpfe. Aber man muss auch etwas über die Funktionsweise des Marktes und die Mode wissen, wenn man in dem harten Geschäft überleben will.

Von Ausbeutung sind in den Sweatshops nicht nur Fremde betroffen, sie findet auch innerhalb von Großfamilien statt, wenn etwa einer seinen Bruder in Bolivien davon überzeugt, die Nichte oder den Neffen nach

Buenos Aires zu schicken, weil er Arbeiter in seinem illegalen Betrieb benötigt. Es gibt auch illegale Geschäftsleute wie Freddy, die ihren Beschäftigten am Ende des Jahres ein dreizehntes Monatsgehalt zahlen. Er schimpft gewaltig über andere Wirtschaftstreibende auf La Salada: »Ich weiß, dass es hier viel Ausbeutung gibt, aber das mag ich überhaupt nicht. Man kann Geld verdienen, ohne jemand auszubeuten.«

Die Produzierenden stehen unter gehörigem Druck, weil ständig neue Konkurrenz auf den Markt drängt. Eine falsche Entscheidung kann die wirtschaftliche Existenz gefährden, genauso wie auf dem legalen Markt. Aber illegale Betriebe verfügen häufig nur über geringe Rücklagen. Wie schnell Betriebe in Schieflage geraten können, hat man gesehen, als der Trend zu fluoreszierenden Kleidungsstücken aufkam. Diverse Handelstreibende deckten sich damals mit großen Mengen Stoff ein, aber der Hype war schnell vorbei, die Stoffe wurden wertlos. Generell versuchen die Produzierenden solche Risiken zu vermeiden, was sicherlich das vergleichsweise uniforme Angebot erklärt.

Wer erfolgreich sein will, muss nicht nur preiswert sein, sondern auch den Geschmack der Kundschaft treffen. Die Sweatshops produzieren nicht wie sonst in der Bekleidungsindustrie üblich nach Vorgaben von Auftraggebern, sondern bieten Waren nach eigenen Mustern an. Die Unternehmen müssen also selbst entscheiden, welche Textilien sie in welchen Mengen fertigen. Dafür haben sie sich mit Trends und Bedürfnissen zu beschäftigen, wobei ihnen eine gute Vernetzung mit Großhandelsunternehmen hilft, die Tipps zu Kundenvorlieben geben können, oder mit Firmen, die Stoff liefern, regelmäßig zu Modemessen nach Europa reisen und deswegen über neue Trends Bescheid wissen. Produzierende recherchieren aber auch im Internet und in den Sozialen Medien oder kaufen Originalwaren, die sie zerlegen und so etwas über Schnitte,

Stoffe und Verarbeitung lernen. Häufig stellen sie dann eigene Kombinationen zusammen, wie dies ein Produzent beschreibt: Er nutze etwa den Zuschnitt von Reebok, versehe ihn aber mit den drei Streifen von Adidas, weil sich das besser verkaufe. Da junge Mädchen eher rot und rosa mögen, wähle er dann auch noch eine andere Farbe als beim Original. Diese Aussage widerspricht der Annahme, dass Fälschungen mit dem Originalprodukt identisch sind. Nur bei wenigen Produkten legt die Kundschaft auf La Salada großen Wert auf eine genaue Kopie des teuren Originals, etwa bei Fußballtrikots, wie dem des argentinischen Fußballstars Lionel Messi.

Bei ihren Geschäften profitieren diejenigen, die die Sweatshops betreiben, von dem starken Wettbewerb und der hohen Flexibilität auf dem Markt. So zahlen sie ihren Beschäftigten ebenso wie ihren Zulieferern Stücklohn. Und sie mieten sich einen Verkaufsstand nur dann, wenn sie ihn brauchen. Dieser illegale Bekleidungsmarkt funktioniert modellhaft nach einem Lehrbuch der Ökonomie. Aufgrund der großen Konkurenz schrumpfen die Gewinne der Anbieter und Anbieterinnen, bis sie alle die Ware zum Grenzkostenpreis anbieten, also die Kosten der Produktion dem Verkaufspreis entsprechen, wodurch kein Gewinn mehr anfällt. Diese Gesetzmäßigkeit spielt eine zentrale Rolle in der Wirtschaftstheorie der Neoklassik. Anders sieht es in der Praxis aus. Während im digitalen Kapitalismus immer mehr Märkte durch Quasi-Monopole (Google, Facebook, Amazon etc.) und geringen Wettbewerb geprägt sind und nur wenige Unternehmen aufgrund ihrer Marktmacht hohe Monopolgewinne erzielen, geht es auf vielen illegalen Märkten noch höchst wettbewerbsintensiv zu. Infolgedessen fallen die Profite der Geschäftsleute gering aus.

Produzierende nehmen den Marktdruck als gegeben hin und versuchen, sich möglichst gut anzupassen. »Wenn jemand die gleichen Waren billiger verkauft als ich, muss ich mich anstrengen und noch billiger werden«, erläutert ein Produzent. Jeder ist bemüht, jeden zu unterbieten. Ein Produzent räumt freimütig ein, dass seine Bekleidung immer wieder Makel aufweise. Solche Teile verstecke er in die Mitte der Ballen, in denen die Textilien ausgeliefert werden. Das ärgere wiederum Großhandelsunternehmen, wenn es ihnen später auffalle, weswegen sie dann meist die Geschäftsbeziehungen abbrächen. Niemand käme hier auf die Idee, seine mangelhafte Bildung, fehlende Kreditmöglichkeiten oder die Korruption für seine unternehmerischen Schwierigkeiten verantwortlich zu machen. Strukturelle Probleme werden gewöhnlich von den Händlern individualisiert. »Jeder ist seines Glückes Schmied« – nach diesem neoliberalen Mantra handeln die Produzierenden.

Die neoliberal-mikroökonomische Schule vertrete die These, dass Menschen sich bewusst für eine informelle Existenz in Selbstständigkeit entscheiden, schreibt die Arbeitsforscherin und Soziologin Eva Senghaas-Knobloch in ihrem Buch *Arbeit ist keine Ware – 100 Jahre Internationale Arbeitsorganisation*. Demnach »unterlaufen gut kalkulierende Frauen und Männer bewusst die vorhandenen rechtlichen Regelungen, um Kosten ohne ausreichenden Gegenwert zu sparen, oder ziehen eine Selbstständigkeit abhängiger Arbeit [vor], wenn sie auch ohne Formalisierung ihrer Tätigkeiten auf eine Sozialunterstützung bauen können«. Außen vor blieben bei solchen Erklärungen »weltökonomische Zusammenhänge und Machtverhältnisse« und die Lebensrealität der Menschen.[56] Denn die meisten Menschen arbeiten mangels Alternative auf den nichtformellen Märkten, auch auf La Salada. Trotzdem betrachten diejenigen, die einen illegalen Sweatshop betreiben, ihre Selbstständigkeit als besonderen Wert. Sie sind davon überzeugt, ihr Schicksal damit stärker selbst in der Hand zu haben. Viele verweisen auf ihre Lebenserfahrungen, besonders jene, die in einer der zahlreichen Wirtschaftskrisen ihren Arbeitsplatz im formellen Sektor verloren haben und lernen mussten, auf eigenen Füßen zu stehen. Diese Erfahrung teilen sie mit vielen Menschen andernorts. Wer eine formelle Arbeit in der Privatwirtschaft hat, der kann sie heute schnell verlieren, nicht nur bei Pleiten wie in früheren Zeiten, sondern auch durch Unternehmensverkäufe und Umstrukturierungen, die immer häufiger stattfinden. Unternehmen kündigen dabei sogar besonders geschützte Beschäftigte wie älteres Personal, wie das in den vergangenen dreißig Jahren auch viele Menschen in wohlhabenden Ländern erlebt haben. Und wer sich nach vielen gescheiterten Anläufen, in der formellen Wirtschaft wieder Fuß zu fassen, schließlich eine legale oder illegale Existenz als Selbstständige/r aufgebaut hat, wird dieser einen hohen Wert beimessen.

Die Menschen auf La Salada klagen über die harte Arbeit, aber gleichzeitig strahlen viele einen überraschenden Optimismus aus – auch die Arbeitenden. Sie wissen, dass ihre Tätigkeit nicht legal ist. Aber etliche von ihnen haben dank der illegalen Strukturen erstmals eine Perspektive, sprich eine Arbeit, die ihnen ein regelmäßiges Einkommen einbringt und eine tägliche Routine ermöglicht. Wer hier verkauft, hat zuvor oft auf der Straße gearbeitet, in ebenso informellen, aber noch dazu extrem kurzfristigen Beschäftigungsverhältnissen. La Salada ist für sie gewissermaßen der erste richtige Job, wie für Laura, die hier Waren verkauft: »Ich habe gelernt, mir mein eigenes Geld mit meiner eigenen Arbeit zu verdienen, das kann ich mir nicht mehr anders vorstellen.« Nach dieser Erfahrung sehen Menschen eine Zukunft für sich, können sich einen Internetzugang und vielleicht sogar ein Auto leisten. Wie Alex, der früher als Getränkehändler arbeitete und jetzt Lastenkarren über den Markt schiebt, was ein besonders harter Job ist. Aber er hat innerhalb von acht Jahren fünfmal sein Auto gewechselt, für ihn ein Erfolgserlebnis: »La Salada gibt dir viele Möglichkeiten, voranzukommen. Ich habe mit nichts angefangen und guck mal, wo ich jetzt stehe.«

In den meisten Regionen der Welt gibt es keine Hilfen für die negativ vom Strukturwandel Betroffenen, wie man sie in Deutschland etwa aus dem Kohlebergbau kennt. Technologischer Wandel, Globalisierung und Liberalisierung der Wirtschaft betreffen viele Menschen, die in der Regel nicht für den Verlust ihres Arbeitsplatzes entschädigt werden und häufig auch keine adäquate neue Tätigkeit finden. Die Liberalisierung der Weltwirtschaft beflügelte mithin vielerorts das Entstehen oder das Wachstum illegaler Märkte.

Grenzenloses Geschäft: Rhinozeroshorn-Wilderer im südlichen Afrika

Der Great Limpopo Transfrontier Park liegt im Dreiländereck von Südafrika, Simbabwe und Mosambik und vereinigt den Krüger-, den Limpopo- und den Gonarezhou-Nationalpark. Auf einer Fläche von 35.000 Hektar, etwas größer als Belgien und Luxemburg zusammengerechnet, leben hunderte Arten von Vögeln, Reptilien und Säugetieren, darunter die größte Rhinozerospopulation der Welt. Das lockt Wilderer an. Überwiegend führen sie professionelle, genau geplante Operationen durch. Daneben agieren auch Amateure, bisweilen chaotisch und spontan. Eine zentrale Rolle haben auf diesem illegalen Markt die bereits erwähnten Kingpins inne, die Chefs der Wildererbanden. Sie rekrutieren Leute und animieren sie zum illegalen Töten der Nashörner in geschützten Bereichen, ob in den staatlichen Nationalparks oder den privaten Gehegen. Außerdem sind sie für die Lieferung des Produkts über Grenzen hinweg zuständig, arrangieren also den kontinuierlichen Transport des Horns vom Park zu den Käufern. Ihre Verbindungen zu kriminellen Netzwerken sind flexibel – sie können immer wieder neue knüpfen.

Mittlerweile ist die Nachfrage so groß, dass es sogar Vorbestellungen gibt und die Kingpins eine Anzahlung von den Abnehmern verlangen können. Als die Wilderei ab 2008 einen Aufschwung erlebte, nahmen sie zunächst noch selbst an der Jagd teil, heute organisieren sie die illegalen Operationen nur noch. Dafür offerieren sie den Wilderern gewöhnlich Zusatzleistungen. Dazu zählt eine Art »Lebensversicherung«, konkret das Versprechen, im Falle des Todes eines Wilderers seiner Familie finanziell unter die Arme zu greifen oder im Falle seiner Verhaftung für Rechtsbeistand zu sorgen. Manchmal halten sich die Kingpins an diese Abmachungen, manchmal nicht. Sie arbeiten mit eigenen Crews, tolerieren aber auch unabhängige Jagdgruppen, die wiederum meist mit einem Kingpin kooperieren; dies vor allem deshalb, weil sie die notwendigen Kontakte zu potenziellen Käufern haben und über die Logistik verfügen, um ein Horn außer Landes zu schaffen.

Kingpins führen oft gezielt mehrere Operationen zeitgleich durch, weil der Park nur begrenzte Mittel hat und nur eine gewisse Zahl von Operationen parallel bekämpfen kann. Eine Häufung von Wilderei-Aktivitäten kommt daher immer wieder vor. Zwischen Crews aus gleichen Dorfgemeinschaften existiert eine Art Brüderschaft. Man teilt sich gegenseitig mit, wo Nashörner gesichtet worden und wo die Ranger präsent sind. In dem Distrikt Massingir, der auf mosambikanischer Seite an den Krüger-Nationalpark grenzt, gibt es sogar ein Frühwarnsystem für alle Wilderer. Je nach den Getränkedosenkisten, die ein Kingpin auf dem Dachträger seines Geländewagens transportiert, ist die Lage für sie vergleichsweise sicher oder eben angespannt.

Ursprünglich rekrutierten die Kingpins Jagdgruppen auch nur aus ihren eigenen Gemeinschaften. Wegen der engen sozialen Beziehungen konnten sie darauf vertrauen, dass die Gang das erbeutete Horn wie vereinbart bei ihnen abliefert. Zudem heuerten sie nur Leute an, die über reichlich Erfahrung im Busch und bei der Jagd verfügten. Schließlich gab es hier viele mit entsprechenden Kenntnissen und Zugang zu alten Waffen. Als sich das illegale Nashorngeschäft in den 2000er Jahren belebte, investierten die Kingpins in moderne Jagdgewehre, die sonst Großwildjäger verwenden. Und sie bildeten erstmals auch Neulinge an Waffen aus. Andere wiederum akzeptierten Neulinge erst, wenn sie einen Test erfolgreich absolviert und beispielsweise ein Wildtier erlegt oder Waffen geraubt hatten.

Die Wilderer machen sich meist zu dritt auf den Weg: ein Jäger, ein Fährtenleser und ein Träger. Alle drei gehen das gleiche Risiko ein und agieren mehr oder weniger auf Augenhöhe. Die Jäger genießen gewöhnlich den höchsten sozialen Status und sind deswegen im Busch die inoffiziellen Anführer. Mittlerweile sind viele Jagdgruppen größer, weil die Anforderungen gestiegen sind. So setzen die Sicherheitskräfte heute Hubschrauber, Nachtsichtgeräte und sonstiges modernes Equipment ein. Seitdem die Nashornbestände geschrumpft sind, müssen die Wilderer auch länger jagen, was wiederum das Risiko erhöht, entdeckt zu werden. Deswegen gehen nun häufig auch Späher zum Jagen mit. Bis 2015 startete ein Großteil der Operationen im Krüger-Nationalpark von Mosambik aus, auch südafrikanische Wilderer machten sich von hier auf den Weg. Die Crews erreichen den Park über sandige Pisten in Geländewagen mit Vierradantrieb und laufen dann zu Fuß weiter oder überqueren mit dem Boot den Corumana-Stausee beziehungsweise waten durch den Fluss Sabi. Inzwischen beginnen viele der Operationen auf südafrikanischer Seite, und manchmal gelangen die Wilderer als Touristen getarnt in den Park. Offizielle Vertreter des Parks sprechen von 2.500 bis 3.000 Wilderern, die rund um den Nationalpark lebten. Durchschnittlich seien 10 bis 15 Jagdgruppen im Gelände unterwegs, oft modern ausgestattet mit Jagdgewehren, Smartphones und satellitengestützten

Kommunikationssystemen. Bevorzugt gehen die Wilderer bei Vollmond auf Nashornjagd, weil sie dann die Tiere leicht erkennen können. Laut Auskunft der Parkaufsicht mehren sich die Aktivitäten vor Feiertagen in asiatischen Ländern und besonders vor der Weihnachtszeit.

Die Bosse der Wilderer stellen sich schnell auf neue Strategien der Sicherheitskräfte ein, etwa auf Chips, die Ranger Nashörnern ins Horn pflanzen, damit sie per Satellit geortet werden können. Auf diese Weise wollten die Ermittler die Netzwerke und Routen der Kriminellen ermitteln und deren Hintermänner enttarnen. Die Wilderer reagierten auf diese Neuerung, indem sie das Horn auf dem Heimweg in Gummischläuche von Autoreifen packten, wodurch das Funksignal unterbrochen wurde. Zusätzlich steckten die Kingpins nach Empfang der Ware das Horn mehrere Stunden in einen Ofen, dessen extrem hohe Temperaturen den Chip dauerhaft zerstörten. Sie kochen Horn auch und töten auf diese Weise potenziell riechendes organisches Material ab, damit Suchhunde es beim Schmuggel außer Landes nicht aufstöbern können.

Kingpins unterscheiden sich von den anderen Mitgliedern der nachbarschaftlichen Gemeinschaften durch ihr soziales Kapital, das es ihnen ermöglicht, auch jenseits ihres Dorfes zu kommunizieren und zu handeln. Auf der einen Seite sind sie kompetente ökonomische Akteure, auf der anderen Seite zeichnet sie ein großes Maß an sozialer und interkultureller Mobilität aus, da sie grenzüberschreitende Geschäfte mit Akteuren aus anderen Kulturen tätigen. Ursprünglich verkauften die Kingpins das Horn nahezu ausschließlich an südafrikanische Geschäftsleute, die es dann in den illegalen Markt einspeisten. Diese traditionellen Zwischenhändler brauchen – anders als die Kingpins – kein Charisma oder besonderes soziales Geschick, wichtig sind aber gute Kontakte in die Unterwelt und zu Strafverfolgungsbehörden sowie zu den südafrikanischen oder asiatischen Konsumentenmärkten. Für den illegalen

Nashornmarkt haben sie an Bedeutung verloren. Denn südafrikanische Wilderer verkaufen ihre Beute mittlerweile häufig ebenfalls im Nachbarland Mosambik, weil dort höhere Preise gezahlt werden. Außerdem haben die Kingpins selbst direkte Verbindungen mit Kriminellen vor allem aus China und Vietnam geknüpft. »Wenn Du ein Rhino-Horn verkaufen willst, gehst Du auf einen asiatischen Markt oder nach Chinatown und sprichst irgendjemand an«, erklärt ein Kingpin diesen scheinbar relativ einfachen Vorgang.

Wenn die Wilderer ein Nashorn finden, geht alles Weitere schnell. Um das Tier zu erlegen und das Horn abzuschneiden, brauchen die Jäger selten länger als fünf Minuten. Sie lassen den Kadaver liegen und liefern das Horn gewöhnlich bei einem Kingpin ab. Dieser kontrolliert die Qualität, behandelt das Horn und schickt es dann weiter. Meist transportiert ein Kurier seines Vertrauens die wertvolle Fracht in einem öffentlichen Bus, weil bei Kontrollen ein Verdacht leicht auf Mitreisende gelenkt werden kann. Der Kurier übergibt die Ware an Schmuggler, die es außer Landes bringen. Das können Profis sein, aber auch Amateure, etwa asiatische Studenten. Innerhalb von 24 Stunden gelangt das Horn oft schon an den Bestimmungsort in Asien. Dabei nutzen die Schmuggler die gleiche Infrastruktur und dieselben Routen wie legale Händler*innen. Drehscheiben für den Handel sind Flughäfen in Katar oder den Vereinigten Arabischen Emiraten, aber auch in Europa. Rhinozeroshorn wird meist mit dem Flugzeug transportiert, das deutlich schwerere Elfenbein dagegen gewöhnlich mit dem Schiff.

Das Geschäft wirft enorme Gewinne ab. Die Wilderer bekommen gewöhnlich 4.170 US-Dollar pro Kilo Horn. Beim Handel innerhalb des Landes ist der Wert um den Faktor 5 bis 10 höher. Und die Konsument*innen in Asien zahlen teilweise 50.000 US-Dollar und mehr pro Kilo. Den Löwenanteil des Gewinns streichen jene Händler*innen ein, die den Schmuggel innerhalb Afrikas und nach Asien organisieren. An einem Nashorn verdienen Wilderer mehr, als wenn sie ein ganzes Jahr arbeiten gehen und durchschnittlich bezahlt würden. Solch schnelles Geld wirkt auf manch einen magnetisch. »Jung reich werden oder sterben bei dem Versuch, reich zu werden«, beschreibt ein Wilderer das Prinzip und macht keinen Hehl daraus, dass ihm seine Tätigkeit lieber ist als die harte Arbeit in einer Mine oder auf einer Farm. Illegal jagen aber auch arbeitslose und arme Menschen, die für sich und ihre Familien keine andere ökonomische Perspektive sehen. Davon gibt es in Südafrika viele: Zwei von fünf Erwachsenen und jeder zweite Jugendliche sind hier arbeitslos.[57] In Mosambik ist jeder Vierte arbeitslos. In vielen Gemeinden rund um die Nationalparks in diesen beiden Ländern und in Simbabwe schaffen es die Männer nicht, ihrer traditionellen Rolle als Ernährer der Familie gerecht zu werden. Einige suchen den Ausweg in der Wilderei, bisweilen ermuntert von ihren Ehefrauen, die sich davon den sozialen Aufstieg versprechen. Nach Jahren des Wildereibooms weiß jeder, was man hier materiell erreichen kann. Manche Ehefrauen verlassen ihren Mann, um mit einem Wilderer zusammenzuleben, der mehr Geld hat. Einige unfertige oder verlassene Häuser in den Dörfern zeugen jedoch auch von dem hohen Risiko für Wilderer, verhaftet oder getötet zu werden.

Gier und Verarmung sind zwei zentrale Ursachen von Wilderei, aber nicht die einzigen. Eine wichtige Rolle spielen außerdem Einstellungen zum praktizierten Umweltschutz und der Aspekt der sozialen Gerechtigkeit. Zu erkennen ist dies in den Gemeinden, deren Bewohner*innen nicht nur am Rande des Nationalparks, sondern auch am Rande der Gesellschaft leben. Manche sehen in den Einnahmen aus dem erwilderten Horn eine angemessene Entschädigung für den Verlust von Land beziehungsweise von Land- und Jagdrechten oder als Mittel, das es den lokalen Gemeinden ermöglicht, sich wirtschaftlich zu entwickeln. Dorfgemeinschaft, Wildhüter, Wilderer und Kingpins machen ihrer Verärgerung über den Staat Luft, weil er Tiere höher bewerte als Menschenleben. Einige Weiße behandelten die Nashörner wie ihre Freunde, sagt ein Schmuggler. Sie schätzten das Nashorn mehr als schwarze Menschen. So ist das Tier zu einer Art Sündenbock geworden für die anhaltende Entbehrung und ökonomische Marginalisierung lokaler Dorfgemeinschaften – ein ziemlich lukrativer Sündenbock. Kingpins und Wilderer gerieren sich bisweilen sogar als eine Art Robin Hood. Ein Kingpin erklärt etwa: »Wir benutzen das Rhinozeroshorn, um uns selbst zu befreien.« Zwei andere charismatische Kingpins sprechen von sich als »ökonomischen Freiheitskämpfern«, die für die Rechte ihrer Dorfgemeinschaft eintreten. Andere Kingpins bezeichnen sich als Geschäftsleute, Entwickler, Sozialarbeiter oder professionelle Jäger – niemand nennt sich selbst einen Kriminellen. Angesichts des sozialen Aufstiegs der Kingpins und des Zustroms von Geld haben viele den Eindruck, dass alle im Dorf von dem Töten der Nashörner profitieren. Der reale Nutzen, den die Menschen aus den legalen Aktivitäten des Nationalparks ziehen, hat dagegen abgenommen. So verlor manch einer seinen Job, nachdem dort Restaurants und andere Einrichtungen privatisiert worden sind. Private Sicherheitsfirmen stellen gerne Leute von außerhalb ein, weil diese keine verwandtschaftlichen Beziehungen zu den lokalen Wilderern haben. Einen besonders schweren Stand haben junge Männer. Denn selbst die meisten Hilfsorganisationen kümmern sich in ihren Projekten eher um die Frauen. In diesem Kontext entscheiden sich Männer immer wieder für die Wilderei.

Tatsächlich nutzt das Geld der Wilderer den Dorfbevölkerungen nur in geringem Umfang, etwa wenn ein Kingpin nach einer erfolgreichen Operation einige Kühe schlachtet oder Bier ausgibt. Die lokalen Gewinne aus dem illegalen Nashorngeschäft fließen vor allem in Immobilien sowie in Autos und sonstige Luxusgüter. Sichtbar wird dies in der mosambikanischen Stadt Massingir – sie verströmt die typische Aura einer Boomtown, wie man sie aus Städten kennt, die durch einen Goldrausch entstanden sind. Ein Kingpin hat in einen Hotelkomplex investiert, andere in Shebeens (lokale Kneipen), Diskotheken, Geschäfte oder Ferienhäuser an der Küste. Viele Wilderer haben sich ein Haus in ihrem Dorf gebaut. Das illegal verdiente Geld erzeugt allerdings auch eine gehörige Nachfrage nach legalen Gütern; deswegen erleben Handwerker, Künstler und Händler dieser Waren vor Ort einen Aufschwung. Teilweise finanzieren die Wilddiebe auch Gemeinschaftsaufgaben in Dörfern, in denen der Staat kaum präsent ist. Strukturell hat sich an der prekären ökonomischen Situation der Bevölkerung jedoch kaum etwas geändert. Und längst nicht jeder Wilderer wird gut bezahlt. Ein Siebzehnjähriger, der beim Wildern auf frischer Tat ertappt und festgenommen und dessen Kompagnon erschossen worden war, hatte nur einen Lohn von 12,5 Kilogramm Maismehl versprochen bekommen. Der Jugendliche hatte drei Geschwister zu versorgen und hütete sonst Vieh – sein Vater arbeitete außerhalb der Region in einer Mine.

Wenn Eltern ihre Kinder aus Angst von der Wilderei abhalten wollen, stoßen sie oft auf taube Ohren. Manchmal würde bei den Versammlungen der Dorfgemeinschaft zwar über die Gefahren der Wilderei gesprochen und eindrücklich davon abgeraten, aber da es in der Gegend keine andere Arbeit gebe, höre man eben nicht auf solche Warnungen, erklärt ein verhafteter jugendlicher Wilderer. Allerdings bietet die Wilderei keine langfristige Perspektive. »Es ist eine schnelllebige Ökonomie. Sobald Nashörner und Elefanten ausgerottet sind, wird der Kuchen zerbröseln«, sagt ein Wildhüter.

Traum vom sozialen Aufstieg

Auf illegalen Märkten träumen Menschen genauso vom sozialen Aufstieg wie auf legalen Märkten, tatsächlich gelingt er aber nur wenigen. Es ist beispielsweise ziemlich unwahrscheinlich, einen großen Diamanten zu finden, mit dem sich ein Haus oder eine Ausbildung finanzieren ließe. Aber bei den wenigen, die den sozialen Aufstieg geschafft haben, steht am Anfang manchmal wirklich ein solcher Fund. In vielen Menschen stecken unternehmerisches Potenzial und der Wille, etwas zu erreichen. Zur Verwirklichung ihrer Vorhaben brauchen sie häufig eine Anschubfinanzierung, wie jener Schürfer, der mit dem Erlös eines Steins ein Geschäft für Trockenfisch gründen konnte. Geschichten, in denen Schürfer wertvolle Diamanten entdecken, erzählt man sich in Sierra Leone gerne. Aus ihnen speist sich der Traum von unermesslichem Reichtum, der den Diamantenmarkt antreibt. Es ist das Versprechen, dass sich das Leben von einem Moment auf den anderen verändern kann, wenn man Glück hat. In den kursierenden Geschichten offenbart sich aber auch die tragische Wahrheit, denn selbst mit einem großen Diamantenfund gelingt es den Schürfern in der Regel nicht, sich aus der Armut zu befreien. Dies zeigt sich etwa bei dem sogenannten »Friedensdiamanten«, den illegale Schürfer in dem kleinen Dorf Koryardu im März 2017 entdeckt haben. Der 709-karätige Diamant ist der vierzehntgrößte Diamant, der je gefunden wurde – der drittgrößte in Sierra Leone. Auf einer internationalen Auktion wurde der Stein für 6,5 Millionen US-Dollar versteigert. Da die Crew den Diamanten illegal geschürft hatte, behielt der Staat 60 Prozent des Wertes ein. 2,4 Millionen US-Dollar gingen an den Organisator der Schürfoperation, der die Arbeiter und die verschiedenen lokalen Chiefs ausbezahlte. Jeder Schürfer seines Teams erhielt etwa 115.000 US-Dollar, so auch der sechzehnjährige Komba Johnbull, der den Diamanten zuerst gesehen hatte. Er wollte mit dem Geld seine Ausbildung abschließen – und verlor fast die gesamte Summe bei dem Versuch, ein Visum für Europa oder Nordamerika zu bekommen. Ihm blieb nur die Scham, es zu nichts gebracht zu haben.[58]

Kleine soziale Aufstiege sind oft nicht von Dauer. Häufig verlieren die Menschen ihre neue wirtschaftliche Basis später wieder, fallen sogar noch tiefer als zuvor – wegen widriger äußerer Umstände wie dem langjährigen Bürgerkrieg oder dem Mangel an Ausbildungsmöglichkeiten. Ohne die richtigen Beziehungen ist es in Sierra Leone selbst in Friedenszeiten schwierig, als Unternehmer*in Fuß zu fassen. Schuld sind aber nicht nur die schlechten Ausgangsbedingungen. Vor allem junge Männer geben ihr erarbeitetes Geld oft schnell aus: für Frauen, Spiel, Drogen, Handys. Der Wunsch nach Teilhabe am Konsum ist groß. »To chop the money« (»das Geld verfrühstücken«) lautet hier ein geläufiger Spruch, den die Leute mimisch mit einer Geste unterstreichen, bei der sie sich den Mund abwischen. Wer ein wenig Geld erwirbt, wird sehr rasch mit den Ansprüchen seiner Netzwerke oder seiner Familie konfrontiert. Denn in der »Cotton-Tree«-Kultur, benannt nach Freetowns berühmtem Kapokbaum, gilt, dass die Vermögenden sich schützend und schattenspendend über diejenigen neigen, die nichts haben. Das ist ein großes Hindernis für selbstständige unternehmerische Tätigkeiten. Mancher versucht sich aus dieser Abhängigkeit zu befreien, indem er/sie abtaucht und sich eine neue Telefonnummer zulegt, um für Familie und Bekannte unerreichbar zu sein.

Als gelungenen sozialen Aufstieg betrachten es illegale Diamantenhändler, wenn sie es schaffen, sich als legale Händler zu etablieren. In afrikanischen Ländern haben einige von ihnen ihr Geschäft tatsächlich auf einem illegalen Open-Yai-Markt gelernt und sich später eine reguläre Lizenz beschafft. Die Mehrzahl lebt aber mit dürftigen Mitteln und verharrt in der Illegalität. Wirklich reich sind dagegen die Exporteure der Diamanten, die legal tätig sind, so zum Beispiel die Familie Basma oder Hisham Macki, der allein für etwa vierzig Prozent aller Diamantenexporte aus Sierra Leone verantwortlich ist. Die libanesischstämmigen Exporteure, deren Familien häufig schon seit vielen Generationen in Sierra Leone leben, sind mächtige Akteure in der dortigen Wirtschaft – weit über den Diamantenmarkt hinaus. Ihnen gehören zum Beispiel auch große Teile der Kommunikationsinfrastruktur im Land.

Ein gesellschaftlicher Aufstieg gelingt dem Fußvolk auf La Salada selten und nur wenigen. Manch einer beschreibt seine unternehmerische Tätigkeit trotzdem als Verwirklichung des amerikanischen Traums. Einige wenige Produzierende betreiben sogar zwei bis drei Stände auf dem Markt und verdienen damit so viel Geld, dass sie sich ein Haus kaufen können. Andere wechseln innerhalb weniger Jahre mehrfach das Auto oder machen Urlaub, was für die meisten von ihnen zuvor undenkbar war. Reich wird aber keiner dieser Sweatshop-Produzierenden, und niemand von ihnen wünscht sich, dass seine/ihre Kinder den Betrieb weiterführen. Sie sollen es einmal besser haben, sagen die Befragten dazu.

Selbsthilfe I: Kreditsystem

Illegal Wirtschaftende sind häufig starker Konkurrenz ausgesetzt. Trotzdem gehen sie soziale Arrangements ein, um sich und den anderen die Tätigkeit im Schattenmarkt zu erleichtern. So betreiben Sweatshop-Inhaber und -Inhaberinnen in Buenos Aires zum Beispiel Kreditringe. Wer mitmacht, zahlt einen bestimmten Betrag in eine gemeinsame Kasse. Die sich daraus ergebende Gesamtsumme bekommen die Beteiligten dann nacheinander von der Gruppe geliehen und können sie jeweils investieren, etwa für den Kauf einer Nähmaschine oder von Stoff.

Forschende sprechen von »Rotating savings and credit association« (ROSCA). Solche Systeme existieren sonst in Regionen, wo es keine Banken gibt oder die Menschen nicht als kreditwürdig gelten. Beides gilt in Argentinien nur bedingt. Denn in und um Buenos Aires existieren zuhauf Banken; und die ansässigen Geschäftsleute setzen größere Summen um, sind also theoretisch durchaus kreditwürdig. Aber wer illegal wirtschaftet, bekommt gewöhnlich bei keiner Geschäftsbank Kredite, was die Möglichkeiten enorm einschränkt. Mit den Kreditringen verschaffen sich die illegalen Unternehmen zumindest teilweise eine gewisse Abhilfe.

Auf La Salada variieren die Kreditgemeinschaften nach Anzahl der Teilnehmenden (meist 10, 20 oder 30 Beteiligte), der Höhe des Einzahlungsbetrages (typisch sind 100 US-Dollar) und dem Rhythmus der Auszahlungen, die zumeist wöchentlich oder monatlich erfolgen. Am Anfang einigt sich die Gruppe darauf, wer mitmachen darf. Anschließend wird eine Liste aller Teilnehmenden aufgestellt und diskutiert, nach welchem Verfahren bestimmt werden soll, wer als Erstes Geld leihen darf. Gewöhnlich entscheidet die Gruppe sich für das Losverfahren. Wer einen Kredit aufnimmt, muss den Betrag zu einem vereinbarten Zeitpunkt zurückgeben, ohne dass Zinsen berechnet werden. Die Organisatoren des Kreditsystems – oft Frauen – erhalten zwar keine Provision, aber häufig als Erste einen Kredit. Viele Geschäftsleute sind gleichzeitig an verschiedenen solcher Kreditsysteme beteiligt; sie sprechen in diesem Zusammenhang von »Spielen«. Für die rege Teilnahme gibt es neben dem Investitionsbedarf noch einen weiteren Grund: Es ist sicherer, das Geld zirkulieren zu lassen, als es zuhause zu deponieren. Weil auf dem illegalen Markt alle Geschäfte in bar getätigt werden, sind immense Summen Bargeld im Umlauf. Durch diese Kreditsysteme, die an die Anfänge genossenschaftlicher Selbstorganisation erinnern, können die beteiligten Unternehmen gegenseitiges

Vertrauen auf diesem illegalen Markt aufbauen, was wichtig für ihre Geschäfte ist. Abgesehen davon können sie aber auch versuchen, bei einem der dort aktiven Mikrokreditinstitute vorstellig zu werden.

Selbsthilfe II: Gemeinschaftskasse

Alex, der 42 Jahre alt ist und in der Nähe des Marktes lebt, arbeitet als Lastenträger auf La Salada. Er wuchtet Mülltüten voller Kleidung auf einen Karren, die oft 50 Kilogramm wiegen. Der Job ist Knochenarbeit und rangiert in der Hierarchie des Marktes ganz unten. Trotzdem stehen vor allem junge Männer Schlange für diese Hilfstätigkeit. »Jeder will hier arbeiten, weil es in dieser Nachbarschaft keine andere Arbeitsmöglichkeit gibt«, erklärt Alex. Die Lastenträger schieben die Karren durch die schmalen Gänge, was im Winter besonders anstrengend ist, wo die Temperaturen oft unter den Gefrierpunkt fallen. Regelmäßig werden Lastenträger krank oder verletzen sich und können dann kein Geld verdienen. In einer Sektion des illegalen Marktes, die etwa ein Drittel der Stände ausmacht, hat sich ein bemerkenswertes informelles System etabliert, das die materielle Not der Träger und Trägerinnen in solchen Fällen lindern hilft. Dort ist ihre Zahl auf 145 begrenzt. Jeder trägt eine Weste mit seiner persönlichen Nummer. Wenn jemand aus dieser Gruppe wegen Krankheit oder Verletzung ausfällt, kann er seine Weste an eine andere Arbeitkraft vermieten. Somit lassen sie ihre Position gewissermaßen für sich arbeiten und erhalten dafür ein bisschen Geld. Ausgebeutete beuten andere aus – das ist eine typische Folge massenweise ungesicherter Arbeitsverhältnisse. Aber es wird auch jemand von der Person, die Stände vermietet, engagiert, der sich um die Belange der Beschäftigten kümmern soll – eine weitere informelle Institution neben den Kreditsystemen.

Solche Einrichtungen gibt es auch auf den Open-Yai-Märkten – wie in Koidu, einem der zentralen Umschlagplätze für illegale Diamanten im Land. Von Einheimischen wird die Stadt meist Kono genannt, nach der Region, deren Hauptstadt sie ist und die aufgrund ihres Diamantenreichtums häufig als »Brotkorb Sierra Leones« betitelt wird. Die Menschen der Stadt merken davon nur wenig. Bis heute sind die Armuts- und Arbeitslosenraten der Stadt im landesweiten Vergleich besonders hoch, die Gesundheitsversorgung ist schlecht. Immerhin wurde vor ein paar Jahren die Straße nach Kono asphaltiert und ein Stromnetz aufgebaut, das den größten Teil des Tages funktioniert. Aber wenn bei einer schwangeren Frau in Kono die Geburtswehen einsetzen, muss sie auf ein Motorrad steigen und über mehrere Kilometer Piste zu einer Krankenstation fahren.

Tagsüber herrscht reges Treiben auf dem Diamantenmarkt im Zentrum des Ortes. Es gibt fünf solcher Märkte in der Stadt, bestehend aus Holzhäusern und Wellblechverschlägen auf sandigem Boden. Männer stehen herum und sitzen auf Plastikstühlen, vertreiben sich Tee trinkend die Zeit. Sie warten auf Diamantenschürfer, die ihre Funde zum Verkauf anbieten. Die angebotenen Diamanten wiegen sie mit kleinen mechanischen oder elektronischen Waagen ab. Auf einer verwitterten Holztür sind diverse Namen und Telefonnummern geschrieben. In der Mitte ist ein Schild angebracht, auf dem mit einem dicken Stift zwei markante Augen mit Brauen gemalt sind – ein Hinweis auf den Vorsitzenden des illegalen Marktes; ebenso verzeichnet ist dessen Nummer sowie in blauer Schrift das »Motto« des Marktes: »Honesty & Transparency« (Ehrlichkeit & Transparenz). Open Yai – den Namen des Marktes interpretieren manche positiv als »augenöffnend«. »Öffne dein Auge, damit du durchblicken kannst. Es gibt schwierige Dinge, die du nicht weißt. Wenn du hierherkommst, werden wir es dir beibringen«, erläutert ein lokaler illegaler Diamantenhändler. Andere Händler deuten den Begriff dagegen in negativem Sinn: Außerhalb des Geltungsbereichs der Gesetze müsse man eben besonders aufpassen, dass einem niemand wertvolle Ware stehle oder einen ein/e Geschäftspartner*in übervorteile; entsprechend gelte es die Augen offen zu halten. Obwohl die Händler die Verhältnisse auf dem Markt also unterschiedlich beurteilen, beteiligen sie sich fast alle an diesem informellen System und helfen sich gegenseitig. Wer neu als Händler Geschäfte tätigen will, muss sich anmelden und einen geringen Geldbetrag in einen gemeinsamen Fonds einzahlen. Von 20.000 bis 25.000 Leone spricht ein Befragter, umgerechnet etwa zwei Euro. Auch Anteile der Gewinne aus dem Diamantenhandel fließen in den gemeinsamen Fonds, der die Funktion einer Sozialversicherung erfüllt. Die meisten der untersuchten illegalen Diamantenmärkte haben solch einen Fonds, wobei die Einzahlung manchmal auch freiwillig ist. Nur wer Mitglied ist, kann Hilfsgelder aus dem gemeinschaftlichen Topf bekommen und erhält in Notsituationen (Unfall, Krankheit, Todesfall in der Familie) ebenso eine Leistung wie bei erfreulichen Ereignissen (Hochzeiten, Zeremonien für Neugeborene). Auch für die Bestechung von Staatsangestellten können Händler Geld aus der Gemeinschaftskasse beziehen. »Wenn du ein Problem hast und dein Name auf der Liste steht, helfen wir dir«, erklärt ein Händler das Prozedere. So knüpfen die Händler auf dem illegalen Markt eine Art solidarisches Auffangnetz für Risikosituationen. Das gibt ihnen das Gefühl einer gewissen Sicherheit in einem Land, das keine wohlfahrtsstaatlichen Maßnahmen kennt. Für manche ist der Fonds im Ernstfall die einzige Hilfsmöglichkeit. »Ich kann niemanden um Geld bitten. Ich kann mich nur an den Fonds wenden«, sagt ein illegaler Händler.

Selbsthilfe III: Gewinn teilen

Auf den Open-Yai-Märkten gibt es eine besondere Form des Verkaufs. Wenn ein Händler, also ein Banabana, einen Stein von einem Schürfer erworben hat, verkauft er ihn gewöhnlich an einen anderen Händler auf dem Markt weiter, der dann ebenso verfährt. So wandert ein Diamant durch die Hände mehrerer Händler, bevor er an einen legalen Großhändler oder Exporteur verkauft wird. Was einem Außenstehenden ökonomisch unsinnig erscheint, ergibt für die Beteiligten Sinn. Die Händler verdienen damit zwar an einem Stein weniger, sie verschaffen sich aber stetigere Einnahmen, weil sie sich wechselseitig einbeziehen. Außerdem stärken sie ihr persönliches Netzwerk auf dem Markt, was ihnen wiederum im Alltag hilft: Mehrere Händler können den Wert eines Steins gemeinsam besser einschätzen oder den Ankauf eines wertvollen Diamanten einfacher finanzieren, wofür einem allein oft das Bargeld fehlt. Vertrauensvolle Beziehungen sind für die Händler zentral. Schließlich überantworten sie einander Diamanten zum Verkauf und verlassen sich darauf, dass ihre Geschäftspartner sie nicht hintergehen, indem sie die Ware gegen weniger wertvolle Steine austauschen, stehlen oder den Kaufpreis nicht wahrheitsgemäß angeben. Auch beim Weiterverkauf der Steine agieren sie gemeinschaftlich als Gruppe und verringern so das Risiko, beraubt oder betrogen zu werden.

Jenseits solcher Formen von Transparenz und Inklusion sind aber auch Praktiken verbreitet und in begrenztem Maße sozial akzeptiert, die auf Heimlichkeit und Exklusion beruhen. So ist es üblich, dass Banabana sich zu Verhandlungen mit Diamantenverkäufern in einen abgegrenzten Raum zurückziehen. Dies ermöglicht es ihnen, die anderen über die Details des Markttausches und damit ihren jeweiligen Anteil am Gewinn im Unklaren zu lassen.

Insgesamt verringern die Händler aber durch kollaboratives Markthandeln und die Distribution von Gewinnen die Unsicherheit erheblich, die sich aus den hochgradig kompetitiven Bedingungen des Marktes und aus der Abwesenheit staatlichen Schutzes ergibt. Die Beispiele zeigen, dass die Akteure auf illegalen Märkten in einem gewissen Ausmaß fehlende formelle Strukturen des Staates durchaus ersetzen können.

3 Wandel der Arbeitsverhältnisse

Die meisten Sweatshops befinden sich im Globalen Süden und sind damit weit entfernt von den »Behörden des kapitalistischen Zentrums und dessen, was an Gewerkschaften übrig geblieben ist, sowie außerhalb des Blickfelds der meisten Verbraucher«.[59] Aber die Welt wird gefühlt kleiner. Es gibt Sweatshops heute auch beispielsweise in Italien, Großbritannien oder den USA. Und man kann insgesamt die Entwicklung auf den informellen Märkten durchaus als Vorbote für die Veränderung der Arbeitswelt im Globalen Norden ansehen. Es lässt sich hier gut studieren, was es bedeutet, wenn Menschen ohne staatliche Regulierung arbeiten und der Markt die Bedingungen diktiert. So hat das Leben unter hochgradiger ökonomischer Unsicherheit gehörige Folgen, etwa für die Art der Beziehungen, die Menschen eingehen.

Gleichzeitig muss man sich vor falschen Kausalketten hüten. So ist der illegale Diamantenmarkt in Sierra Leone kein Resultat einer Deregulierung der Wirtschaft, sondern schlicht von fehlender Regulierung. Hier gab es nie einen Staat, der sein legitimes Gewaltmonopol jemals durchgesetzt hätte.

Ökonomisierung der Beziehungen

Die meisten Menschen in Sierra Leone – auch diejenigen, die einer geregelten Arbeit nachgehen – verbringen sehr viel Zeit damit, ihr soziales Netzwerk zu pflegen. Jegliche Sicherheit, die zum Beispiel eine Arbeitsstelle verschafft, kann von einem auf den anderen Moment verlorengehen. Das Netzwerk aber hat Bestand. Um es fest zu etablieren, gehen viele Menschen zielgerichtet vor: Sie lassen etwa jemand anderen in ihrer Schuld stehen, die sie später einfordern können. So helfen die informellen Unterstützer beispielsweise den Schürfern und erwarten dafür, dass diese ihnen dafür als Ersten die gefundenen Diamanten anbieten. Soziale Beziehungen werden dadurch in einem hohen Maße ökonomisiert, was sprachlich häufig verschleiert wird: Wenn ein illegaler Diamantenhändler zu einem lokalen Politiker sagt: »Ich möchte dich als Vater«, bedeutet dies: »Ich möchte, dass du für mich verantwortlich bist und mich beschützt.« Solch ein Patronagesystem ist eine wichtige Ressource, zugleich aber auch unsicher und ausbeuterisch. Denn ein Patron kann seine Hilfe stets verweigern, seiner Verantwortung nicht nachkommen oder seine »Klienten« erpressen. Auf dem Diamantenmarkt hat jede Hilfeleistung einen finanziellen Wert. Niemand käme hier auf die Idee, etwas zu vermitteln, ohne dafür eine Kommission zu verlangen. Den Befragten erscheint diese Ökonomisierung ihrer Beziehungen als normal, weil es nie anders war.

Unter diesen Bedingungen leiden dagegen diejenigen, die schon einmal Erfahrungen mit formalen Arbeitsverhältnissen und einflussreichen Gewerkschaften gemacht haben, so wie einige, die in das Geschehen auf La Salada involviert sind. »Wenn wir solidarischer wären, wäre es anders«, sagt ein Händler, und viele drücken Ähnliches aus. Längst sind hier und vielerorts auf der Welt Institutionen wie Gewerkschaften aber geschwächt oder gar kollabiert, »die den Fortschritt des Kapitalismus zu seinem eigenen Besten gezügelt haben«, wie der Soziologe Wolfgang Streeck schreibt. Nach dem »Endsieg des Kapitalismus über seine Feinde ist keine politische Kraft in Sicht, die sie wiederherstellen könnte«.[60] Das kapitalistische System leide »unter mindestens fünf sich stetig verschlimmernden Funktionsstörungen, gegen die es bislang kein wirksames Mittel gibt: nachlassendes Wachstum, Oligarchie, Aushungerung der öffentlichen Sphäre, Korruption und internationale Anarchie. Was in Anbetracht der jüngsten Geschichte des Kapitalismus zu erwarten steht, ist eine lange und schmerzhafte Periode kumulativen Verfalls: sich verschärfende Friktionen, zunehmende Fragilität und Ungewissheit sowie eine laufende Abfolge ›normaler Unfälle‹ – nicht zwangsläufig, aber durchaus möglicherweise von der Größenordnung der Weltwirtschaftskrise der 1930er Jahre«.[61]

Gewinnen und Verlieren

Folgen die Gesellschaften dem eingeschlagenen Pfad, dürften die Verhältnisse in der Arbeitswelt noch stärker divergieren: zwischen gut bezahlter und abgesicherter Arbeit für einen Teil der Menschen und schlecht bezahlter, unabgesicherter Arbeit für den anderen Teil. Dabei wird sich die geografische Verteilung der Menschen, die gewinnen oder verlieren, massiv verändern – aufgrund der Digitalisierung der Arbeit. Denn Roboter und Algorithmen ersetzen nicht nur menschliche Arbeitskräfte, sondern sorgen auch immer öfter für eine andere Verteilung der Arbeit. Unternehmen werden sie dorthin verlagern, wo sie die höchsten Gewinnspannen erzielen können. Was dies bedeutet, haben viele Beschäftigte bereits erlebt – vor allem Erwerbstätige in bestimmten Industriebranchen wie Textil, Spielzeug oder Haushaltswaren, aber auch Programmierende und Callcenter-Beschäftigte. Nun trifft es viele weitere Berufsgruppen, darunter auch hochqualifizierte. Viele junge Leute setzen in Ländern des Globalen Südens auf das Internet, nicht nur in der West Bank, sondern auch in Beirut, Lagos oder Alexandria. Hier entsteht eine große Konkurrenz für Beschäftigte im Dienstleistungssektor westlicher Industrieländer, die bislang vergleichsweise gut bezahlt wurden – nicht nur für IT-Kräfte, sondern auch für Ärzt*innen, Büroangestellte, Anwält*innen, Bedienungen oder Verkäufer*innen. Geschützt waren diese Berufsgruppen bisher, weil ihre Dienstleistungen praktisch nicht gehandelt werden können. Das ändert sich gerade durch neue Technologien: Maschinenlernen, -übersetzung, schnelles Internet, Software für Teamarbeit an unterschiedlichen Orten. Dank solcher Technologien können künftig viele Arbeiten von jedem Ort auf der Welt ausgeführt werden. Forschende sprechen dabei von Telemigration. Es gibt zukünftig möglicherweise ähnlich gute Arbeitsbedingungen bei einem Start-up in Alexandria, Beirut oder Berlin, weil die Leute vielerorts hypermoderne Technologien nutzen und dabei gleichwertig behandelt und entlohnt werden. Derzeit läuft die Entwicklung jedoch eher in die entgegengesetzte Richtung. So schreiben beispielsweise Crowdworking-Plattformen Arbeitsprojekte global aus, etwa die Entwicklung von Software oder Design. Dabei geht es zu wie im Wilden Westen – vollkommen regellos. Alleine der Preis zählt. Wer den Zuschlag erhält, arbeitet oft unabgesichert, ob nun im Globalen Süden oder im Globalen Norden. Thorben Albrecht, Mitglied der ILO-Kommission zur Zukunft der Arbeit, fordert eine internationale Regulierung, »weil wir sonst Bereiche bekommen, wo [die] Arbeitswelt komplett unreguliert ist.«[62]

Dass immer mehr Erwerbstätige aus dem Globalen Norden in Konkurrenz stehen zu denen aus dem Globalen Süden, ist für Seeleute und Beschäftigte in den Fabriken schon lange Alltag. Aber bald werden auch viele Besserverdienende den Wandel spüren. Der Ökonom Richard Baldwin spricht von der Gefahr sozialer Unruhen: »Wenn diese in Allianz mit Arbeitern treten, die von der Globalisierung bereits betroffen sind, könnte dies zu einer Revolte führen.« Er zieht einen Vergleich mit der ersten Anti-Globalisierungswelle von Gewerkschaftern und Umweltschützern. Zielscheibe des Protests, der 1999 in Seattle begann, waren damals die Welthandelsorganisation und die G7. Im Kontext von Welthandelsfragen gab es in den vergangenen Jahren vielerorts Proteste gegen Freihandelsabkommen, etwa in Deutschland gegen das geplante TTIP-Abkommen zwischen der EU und den USA. Nach der Finanzkrise von 2007 wurde in einigen Industrieländern zudem gegen die Finanzindustrie und deren Profiteure protestiert. Monatelang besetzten Aktivist*innen der Occupy-Bewegung öffentliche Räume in verschiedenen Städten, ob in New York oder Frankfurt. Im Frühjahr 2019 war das bestimmende Thema bei Demonstrationen und Kundgebungen vor allem von Schüler*innen die Klimafrage. Künftig könnten nach Ansicht von Richard Baldwin die Technologiefirmen zur Zielscheibe des Protests werden.[63]

Bislang bleibt die vielbeschworene digitale Dividende – höheres Wachstum, mehr Jobs und bessere öffentliche Dienstleistungen – weit hinter den Erwartungen zurück, übrigens überall: in den Entwicklungs- ebenso wie in den Industrieländern. Handy-Apps zu Hygienepraktiken verbessern in afrikanischen Ländern die Gesundheit nicht; Führungskräfte im Silicon Valley preisen neue Technologien an und schicken ihre Kinder gleichzeitig in die elektronikfreie Waldorfschule; vier Jahrzehnte digitaler Innovation haben in den USA an der sozialen Situation nichts geändert: 13 von 100 US-Amerikaner*innen sind weiterhin arm. Die digitale Dividende wird vor allem im Sinne des Matthäus-Effekts vergeben: Wer hat, der bekommt noch mehr. Von dieser Dividende profitieren also insbesondere Menschen, die gut ausgebildet sind und auch über ein gewisses Kapital verfügen, sodass die Ungleichheit weiter zunimmt. Das ist das Ergebnis eines Berichts der Weltbank, der 2016 für Schlagzeilen sorgte. All das verweist auf die große Bedeutung der Staaten für die Gestaltung der Märkte.

4 Rolle des Staates

Wer im Globalen Norden aufgewachsen ist, geht häufig wie selbstverständlich davon aus, dass der Staat Gesetzesverstöße verfolgt und unterbindet. Schließlich gehören nach verbreiteter Ansicht die Gewährleistung von Rechtsstaatlichkeit und Sicherheit ebenso wie Wohlfahrt zu den Kernaufgaben eines modernen Staates. Als solchen bezeichnet der Soziologe Max Weber diejenige »Gemeinschaft«, die »innerhalb eines bestimmten Gebietes [...] das Monopol legitimer physischer Gewaltsamkeit für sich (mit Erfolg) beansprucht«, nach innen (gegenüber ihren Bürgern) und nach außen (gegenüber anderen Staaten).[64] Diese Souveränität erfordert ihre Verwirklichung de jure (durch internationale Anerkennung) und de facto (im Hinblick auf Territorium, Nation und Legitimität des Zwangsmonopols).[65] Ob es sinnvoll ist, eine solche Konzeption in der Tradition Max Webers auf alle Staaten anzuwenden, zweifeln diverse Wissenschaftler im Globalen Süden an. Sie verweisen darauf, dass eine solche Form von Staatlichkeit den Staaten des Globalen Südens erst durch den Kolonialismus aufgezwungen worden sei. Im afrikanischen Kontext sei Governance (vom Französischen *gouverner:* verwalten, leiten) nie eine rein staatszentrierte Aufgabe gewesen. Nichtstaatliche Akteure und Akteurinnen erbringen hier Leistungen wie Polizeiarbeit, die nach dem Weberschen Verständnis alleine dem Staat obliegen sollten. Forschende sprechen in diesem Zusammenhang von einer »Multi-Choice«-Polizei. Bei aller berechtigten Kritik an Webers Konzept der Staatlichkeit eignet es sich dennoch gut als analytisches Instrumentarium in diesem Buch. Dabei werden wir jedoch immer die unterschiedlichen kulturellen Kontexte im Hinterkopf behalten.

Offenkundig sind keineswegs alle staatlich Verantwortlichen natürliche Gegner illegaler Märkte, im Gegenteil: Ein bedeutsamer Teil illegaler Aktivitäten wäre ohne ihren Schutz oder ihre Tolerierung undenkbar. Die Forschungsliteratur weist darauf hin, dass der Staat auch auf informellen Märkten sehr wohl präsent ist, jedoch in anderer Form als von der Marktsoziologie und Kriminologie oft vermutet. So tritt der Staat auf vielen Märkten des Globalen Südens regelmäßig als informeller Akteur auf, der zum illegalen Markt entweder in einem repressiven Verhältnis steht, etwa bei der Erpressung von Schutzgeld, oder in einem kooperativen Verhältnis, indem er etwa für Bestechung zugänglich ist.

Aber warum tolerieren und fördern staatlich Verantwortliche solche illegalen und nichtformellen Märkte? Die Motive sind sehr unterschiedlich: Manche Staatsangestellte wollen sich persönlich bereichern, andere führen moralische Gründe an. Sie seien überzeugt davon, dass es unsozial wäre, eine/n Arme/n zu bestrafen, der/die durch sein kriminelles Handeln nur seine wirtschaftliche Existenz auf niedrigem Niveau sichert und dabei niemandem wesentlichen Schaden zufügt. Staatlich Beschäftigte können zudem aus ihrem Verständnis von Allgemeinwohl eine Missachtung von Gesetzen tolerieren, etwa um die Schaffung von Arbeitsplätzen oder Wirtschaftswachstum zu ermöglichen. Abgesehen davon gibt es große Unterschiede zwischen den weltweit 194 Staaten, was ihre Kapazitäten anbelangt, die Kernaufgaben eines modernen Staates zu erfüllen, denn sie verfügen nicht immer über die dazu notwendigen Ressourcen.

Bereicherung und moralische Erwägungen

Für den Staat in Sierra Leone ist es eine anspruchsvolle Aufgabe, das illegale Schürfen von Diamanten, den Handel mit ihnen und ihren Schmuggel zu verhindern. Schließlich erstrecken sich die Vorkommen auf mehr als ein Viertel der Landesfläche über 72.000 Quadratkilometer.[66] Dafür bräuchte es eine Menge gut vernetztes Personal. Daran hapert es in dem Land: So mangelt es den Behörden an Ressourcen, um qualifiziertes Personal einzustellen und angemessen zu bezahlen. Außerdem können sie die Patrouillen nicht mit den Mitteln ausstatten, die für Transport und Kommunikation erforderlich sind. Aus diesem Grunde gelangen Kontrolleure bisweilen gar nicht erst zu den Minen. Und wenn sie eine illegale Schürfoperation entdecken, können sie häufig keine Hilfe bei ihrer Dienststelle oder der Polizei anfordern, weil sie über kein Telefon verfügen. Außerdem gibt es häufig keinerlei Verstärkung, die ausrücken könnte.

Die Beseitigung der Kapazitätsmängel allein wäre aber noch kein Garant für ein erfolgreiches Durchgreifen, wie es zahlreiche Interviews mit Staatsangestellten und illegalen Schürfern nahelegen. Gewöhnlich wissen die Kontrolleur*innen sehr wohl über einen großen Teil der illegalen Aktivitäten Bescheid, greifen aber trotzdem nicht ein. Illegale Schürfer beispielsweise und Vertreter*innen der Minenbehörden begegnen sich sogar regelmäßig. Diverse befragte Schürfer gaben dies in Gesprächen an.

Normalerweise gelingt es Schürfern, die Kontrolleur*innen mittels Bestechung oder Überzeugung dazu zu bringen, sie unbehelligt zu lassen. Sie stellen beispielsweise ihr illegales Handeln als Konsequenz ihrer Armut und wirtschaftliche Notwendigkeit dar und bitten die Mineninspekteure, Gnade vor Recht walten zu lassen. Die Zahlung von Bestechungsgeldern kann hierbei entweder als informelle Strafe fungieren oder aber als Dankesgeste für die Nachsicht der Staatsangestellten. Ein illegaler Schürfer schildert typische Verhandlungen: »Wenn sie kommen, bitten wir sie. Du redest mit ihnen, du gibst ihnen ein kleines Trinkgeld. Sie werden dich nie verhaften. Wir sagen zu ihnen: Bitte vergib uns. Wir haben kein Geld für eine Lizenz. Wir versuchen nur durchzukommen.«

Die Nachsicht von Mitgliedern staatlicher Institutionen kann auf Mitleid, aber auch auf soziale Beziehungen sowie auf das Eigeninteresse der Kontrolleure zurückgeführt werden. Besonders Mineninspekteure der unteren Ebene – oft in abgelegenen Gebieten fernab der Zentren staatlicher Macht stationiert – interagieren täglich auf vielfältige Weise mit legalen und illegalen Schürfern. Sie sind in die Schürfgemeinden integriert, durch Freundschaftsbeziehungen mit ihnen verbunden und kaum an die staatliche Institution rückgekoppelt, in deren Dienst sie stehen. Dies illustriert der Fall eines Minenwärters, der einem unlizenzierten Schürfer in dessen Grube einen Besuch abstattete und dabei interviewt wurde. Bei einem späteren Gesprächstermin war derselbe Schürfer im Haus des Minenwärters zu Besuch: »Bei der Arbeit entsteht Freundschaft«, erklärte er lapidar. Im Zeitraum der Feldforschung war vielen Staatsangestellten des Regionalbüros des Bergbauministeriums seit einem knappen Jahr kein Gehalt mehr ausgezahlt worden. Etliche Mineninspekteure beziehen ihren Lebensunterhalt phasenweise notgedrungen allein aus Bestechungsgeldern, die ihnen freiwillig oder zwangsweise gezahlt werden. Auch in anderen wirtschaftlichen Notsituationen – etwa bei Krankheit – wenden sie sich mit der Bitte um finanzielle Unterstützung an die Akteure des Schattenmarktes. Die Leute reden in diesem Zusammenhang nie von Korruption, sondern von »Hilfe«, einem »Trinkgeld« oder »Dankeschön«, was verdeutlicht, dass sie diese Handlung für legitim halten. Unter diesen Umständen sind die Angestellten der kontrollierenden Instanzen ganz offensichtlich keine unabhängigen Akteure, die staatliches Recht durchsetzen. Jede Seite ist auf die andere angewiesen, um ihren Lebensunterhalt zu sichern. Ein großer, wenn nicht gar der Hauptteil des Gehalts der Minenkontrolleure wird den erhobenen Daten zufolge von illegalen Marktakteuren gewährleistet. Gewöhnlich gestatten die Kontrolleure den Arbeitern nur, Diamanten ohne Schürflizenz abzubauen, wenn von der Mine keine Gefahr ausgeht, also wenn etwa kein Einsturz nicht abgesicherter Wände zu befürchten ist. Damit greifen sie durchaus ordnend in das illegale Marktgeschehen ein. Das widerspricht der weit verbreiteten Annahme, dass staatliche Akteure auf die Verhältnisse in illegalen Märkten keinerlei gestaltenden Einfluss nehmen. Beide Seiten kooperieren auch, weil es wie beschrieben zwischen fast allen beteiligten Akteuren mittlerweile einen Konsens darüber gibt, dass möglichst sämtliche illegalen Steine letztlich in die Hände formeller inländischer Händler und Exporteure gelangen, damit die Steine legal exportiert werden und der Staat Ausfuhrsteuern einnehmen kann.

Räume begrenzter Staatlichkeit

Politikwissenschaftler*innen unterscheiden häufig zwischen einer begrenzten, schwachen, fragilen oder kollabierenden und einer konsolidierten, starken oder intakten Staatlichkeit. Zuweilen werden die einzelnen Staaten auf einem Kontinuum zwischen zerfallen(d)er und nachhaltig intakter Staatlichkeit verortet.[67] Nachhaltig stabil sind demnach Staaten wie Norwegen, Schweden und die Schweiz, fragil Staaten wie der Südsudan, Jemen oder Somalia, die ihre grundlegenden staatlichen Funktionen nicht erfüllen.[68] Illegale Märkte existieren aber mehr oder weniger in allen Staaten. Selbst in vermeintlich starken Staaten sind staatliche Vertreter immer wieder involviert, zum Beispiel durch Korruption.

In fragilen oder gescheiterten Staaten können sie sich aber nahezu ungehindert ausbreiten. Sierra Leone während des Bürgerkriegs von 1991 bis 2002 ist nachgerade ein Paradebeispiel. Damals kontrollierte die Regierung nur noch bestimmte Teile des Staatsgebietes, im Index der Vereinten Nationen über menschliche Entwicklung rangierte das Land auf dem letzten Platz.[69] Für die illegalen Märkte bot der Krieg ideale Rahmenbedingungen. Diamanten wurden nahezu ausschließlich ohne Lizenz produziert. Auf die wichtigsten Schürfgebiete hatte der Staat in der Hochphase des Krieges keinerlei Zugriff mehr. Die Einnahmen aus dem Geschäft, von dem alle Kriegsparteien – darunter auch die staatliche Armee – profitierten, gelten als Hauptgrund dafür, dass der Konflikt elf Jahre lang anhielt.

In der Zeit nach dem Konflikt legten Regierung und Staatengemeinschaft deswegen großen Wert auf die Abschaffung illegaler Marktstrukturen und versuchten soziale und politische Faktoren zu beseitigen, die diese Strukturen zuvor begünstigt hatten. Nur dann – so die Überzeugung der Fachleute – ließen sich Staatlichkeit und Frieden in Sierra Leone konsolidieren. Die Vereinten Nationen bekämpften mit Resolutionen des Sicherheitsrats und einer Friedensmission illegale Märkte in dem westafrikanischen Land, was davor nur äußerst selten vorgekommen war.[70] Der UN-Sicherheitsrat verhängte ein Embargo gegen Diamantenexporte aus Sierra Leone und dem Nachbarland Liberia, verbot Waffenimporte in die beiden Länder und gab den Anstoß zur Entwicklung eines staatlichen Systems zur Zertifizierung von Rohdiamanten. Dieses UN-mandatierte System war der Vorläufer des bereits oben beschriebenen Kimberley-Prozesses, der seit 2003 den Handel mit Rohdiamanten auf globaler Ebene reguliert. Der Kimberley-Prozess ist ein freiwilliger Mechanismus, der aber mit einem strengen Sanktionsregime verbunden ist: Wenn ein Mitgliedstaat gegen die Regeln verstößt, wird er zunächst verwarnt und kann bei erneuter Missachtung vom Prozess ausgeschlossen werden, was auch bereits mehrfach geschehen ist. Weil der Wirkungsbereich des Abkommens nahezu den gesamten Diamantenmarkt umfasst, bedeutet dies de facto die

Ausgrenzung eines Staates vom legalen Weltmarkt. Dies aber kann sich kein Land leisten, das in nennenswertem Umfang Diamanten exportiert.

Allerdings hat der Ansatz gravierende blinde Flecken. Er zielt nur darauf, zu verhindern, dass Rebellenkriege durch Diamanten finanziert werden. Außen vor bleiben sowohl das Problem staatlicher Gewalt als auch die Frage, welche Lebens- und Arbeitsbedingungen im Diamantenbergbau herrschen. Dabei kommt es regelmäßig zu erheblichen Menschenrechtsverletzungen, wie zum Beispiel die Gewalt von Militärs und privaten Sicherheitsfirmen gegen Zivilist*innen in den simbabwischen Marange-Minen zeigt.[71] Besonders im artisanalen Bergbau sind die Arbeitsbedingungen häufig ausbeuterisch und Wertschöpfungsketten nach wie vor intransparent. Weil sie hier keine Veränderungen erreichen konnten, haben sich zivilgesellschaftliche Organisationen, die wie Global Witness und Partnership Africa Canada (heute IMPACT) den Prozess ins Leben gerufen haben, mittlerweile von der Initiative abgewandt.[72]

In einem aufsehenerregenden Prozess, in dem unter anderem das Supermodel Naomi Campbell und die Schauspielerin Mia Farrow als Zeuginnen aussagten, wurde der ehemalige liberianische Präsident Charles Taylor vor dem Sondergerichtshof für Sierra Leone in Den Haag für Kriegsverbrechen und Verbrechen gegen die Menschlichkeit angeklagt und 2012 für schuldig befunden. Das Gericht sah es als bewiesen an, dass Taylor mit den Rebellen der »Revolutionären Einheitsfront« illegal Diamanten gegen Waffen gehandelt hatte und somit für die in Sierra Leone verübten Gewaltverbrechen die Hauptverantwortung trägt. Taylor legte erfolglos Berufung ein – es blieb bei dem Strafmaß von fünfzig Jahren. Das Urteil hatte historische Bedeutung: Erstmals seit den Nürnberger Kriegsverbrecherprozessen wurde ein Ex-Staatsoberhaupt von einem internationalen Gericht bestraft.[73]

Es gab aber nicht nur Regelungen auf internationaler Ebene. Sierra Leone beschloss diverse Maßnahmen auf nationaler Ebene, um die illegalen Aktivitäten im Diamantenhandel und die Korruption im Bergbausektor einzudämmen. Dazu zählt zum Beispiel die Trennung der institutionellen Zuständigkeiten im Bergbau: Das Bergbauministerium ist heute vor allem für Entscheidungen zum Abbau der Bodenschätze zuständig. Die Durchsetzung liegt hingegen bei der 2012 geschaffenen semi-autonomen National Minerals Agency. Auf diese Weise will der Staat die Vergabe der Lizenzen und die Implementierung des Rechts im Rohstoffsektor professionalisieren und gegen Korruption und Klientelwirtschaft vorgehen. Unterstützt von Geberorganisationen, richtete die Regierung zudem ein Kataster ein, in dem Informationen über vergebene Lizenzen, Bergbaufirmen und gezahlte Steuern und Gebühren öffentlich einzusehen sind. Darüber hinaus schuf sie landesweit Polizeicheckpoints zur Bekämpfung des Schmuggels, rief eine Kommission ins Leben, die staatliche Korruption systematisch bekämpfen sollte,[74] und modernisierte die Sicherheitsvorrichtungen am internationalen Flughafen in Freetown.[75] Als entwicklungspolitische Maßnahme wurde der Diamond Area Community Development Fund (DACDF) eingerichtet. Mittels dieses Fonds wird ein kleiner Teil der Einnahmen aus dem Export von Diamanten (0,75 Prozent) an die Diamanten produzierenden Gemeinden zurückgegeben. Auch industrielle Bergbauunternehmen sind heute gesetzlich verpflichtet, zur Entwicklung der Gemeinden, in denen sie ansässig sind, einen Beitrag zu leisten.

Doch all diese Maßnahmen blieben bis heute weitgehend wirkungslos. Dafür werden mittlerweile fast alle Diamanten legal exportiert: ein Erfolg. Zugleich wird allerdings ein erheblicher Teil der Steine zunächst illegal geschürft und gehandelt, obwohl die negativen Folgen der informellen Produktion – dem Staat wird Einkommen vorenthalten, die Umwelt zerstört – allgemein bekannt sind und selbst von den Akteur*innen problematisiert werden. In Sierra Leone spielen weiterhin nichtstaatliche Quellen gesellschaftlicher Macht eine große Rolle, die wie vielerorts in Subsahara-Afrika die soziale Ordnung informeller Märkte und die soziale Ordnung im Allgemeinen prägen. Dazu zählen religiöse, ethnische oder verwandtschaftliche Netzwerke, Geheimgesellschaften, Patronagebeziehungen und traditionelle Institutionen wie das Häuptlingstum (chieftaincy), das hier exemplarisch herausgegriffen wird.

Die höchste Ebene des Häuptlingstums bilden etwa 190 Paramount Chiefs. Jedes Dorf hat außerdem noch einen eigenen Chief und eine dazugehörige Administration. Die Chiefs werden vom Staat weder eingesetzt noch bezahlt. Sie regieren quasi neben dem Staat. Sierra Leone hat seinen Ursprung in der Gründung der Stadt Freetown als britischem Außenposten und Siedlung für befreite Sklaven, die 1787 erfolgte. Britische Abolitionisten übernahmen das Land von einem Temne-Chief. Zwischen 1787 und 1850 kam es zu vier Wellen der Einwanderung vormaliger Sklaven aus Großbritannien, Neuschottland, Jamaika sowie von Menschen, die die britische Marine von Sklavenschiffen befreit hatte.[76] Im Jahr 1808 erklärte die britische Regierung die Freetown-Halbinsel zur Kronkolonie. Seine Gründer, darunter die britischen Sklavereigegner Thomas Clarkson, William Wilberforce und Granville Sharp, träumten von dem Modell eines modernen liberalen Nationalstaates, der vormals unterdrückten Völkern zur Emanzipation verhelfen sollte. Freetown spielte eine zentrale Rolle beim britischen Kampf gegen den transatlantischen Sklavenhandel. Die befreiten Sklav*innen hatten dort teilweise bessere Lebensbedingungen als in England. So hatte Sierra Leone bereits in den 1840er Jahren eine höhere Einschulungsrate als Großbritannien und eine hochqualifizierte Administration.[77] Das 1827 gegründete Fourah Bay

College war die erste Universität Subsahara-Afrikas. Noch zum Zeitpunkt seiner Unabhängigkeit im Jahr 1961 galt Sierra Leone aufgrund seines Bildungsstandards und seiner größtenteils westlich gebildeten Verwaltungselite als »Athen Westafrikas«.[78] Das kam vor allem den kreolischen Bewohner*innen der Halbinsel zugute – den Nachfahren der befreiten Sklaven, die als Siedler nach Sierra Leone gekommen waren –, nicht aber der indigenen Bevölkerung. Bereits in den ersten Jahren kam es zu gewaltsamen Konflikten zwischen Siedler*innen und einheimischen Bewohner*innen, die sich unter anderem durch die Vertragsbedingungen bei der Landnahme betrogen fühlten.

Die entwicklungspolitischen Ziele der Kronkolonie hatten sich zunächst nicht auf das Hinterland erstreckt, das wie zuvor von lokalen Königen und Chiefs regiert wurde, mit denen die britische Regierung individuelle Verträge schloss. Erst 1896 wurden die Provinzen des Hinterlandes, die heute Teil des sierra-leonischen Staatsgebietes sind, zum britischen Protektorat erklärt. Im kurz darauf folgenden »Hut Tax War« im Norden und bei den Aufständen der Mende im Süden formierte sich erstmals gewaltsamer Widerstand gegen die britische Kolonialisierung und die Besteuerung der lokalen Bevölkerung.[79] Im Gegensatz zur Freetown-Halbinsel regierte die britische Kolonialmacht im Hinterland indirekt durch Chiefs. Deren politische Herrschaft erschien den Kolonialisten als Möglichkeit einer effizienten Regierungsführung zu geringen Kosten.[80] Dafür griff die Kolonialregierung im eigenen Interesse tief in die Institution ein: Aus der traditionell auf Wahl beruhenden Chieftancy machte sie eine vererbbare Position auf Lebenszeit. Dadurch gingen der Wettbewerb um das Amt und Mechanismen der sozialen Kontrolle verloren. Die lokalen Herrscher erlangten in vielerlei Hinsicht Unabhängigkeit von ihren Bürger*innen.

Das Amt des Chiefs eröffnet seinem Inhaber unzählige Möglichkeiten legaler und illegaler Bereicherung.

Für seine Untergebenen werden in Anbetracht fehlender ökonomischer Chancen persönliche Beziehungen zum amtierenden Chief zu einem zentralen Faktor, der ökonomische Sicherheit und Erfolgschancen bietet. Beides spielt bis heute eine wichtige Rolle, auch für die Existenz und die Organisation der illegalen Produktion von Diamanten. Neben den Chiefs profitieren diverse andere formelle Akteur*innen von dem Diamantengeschäft, indem sie etwa Bestechungsgelder für die zügige Erteilung einer Lizenz einfordern. Weil sich viele Menschen die Zahlung solcher Schmiergelder nicht leisten können, sehen sie sich wie oben beschrieben gezwungen, weiterhin illegal Steine zu schürfen oder zu handeln – wodurch sie allerdings erpressbar sind. Ihre wirtschaftliche Existenz hängt insofern von der Willkür der staatlichen Akteur*innen, aber eben auch der lokalen Autoritäten ab. Ein verarmter und analphabetischer Schürfer hat kaum Möglichkeiten, sich gegen Erpressung zu wehren. Wer mehr Bildung und finanzielles oder soziales Kapital hat, schafft es eher, eine Lizenz auch ohne Schmiergeldzahlungen zu bekommen.

Während internationale und nationale Nichtregierungsorganisationen und einige staatliche Akteur*innen eine Formalisierung des gesamten Sektors anstreben, sind andere staatliche und legale Marktakteur*innen wie schon erläutert daran interessiert, den Status quo zu bewahren. Das bietet Konfliktstoff. So stritten im Jahr 2013 Bergbauministerium und National Mineral Agency (NMA) über den richtigen Umgang mit illegalen Märkten im Bergbau. In der Kontrollbehörde arbeiten häufig gut ausgebildete und nach meritokratischen Kriterien eingestellte Mitarbeiter*innen, die tendenziell ein modernes Staatsverständnis vertreten, nach dem Markthandeln vom Staat reguliert und sanktioniert werden sollte. Der bei der NMA für die Einhaltung von Recht zuständige Compliance Manager erklärt: »Meine Rolle ist es, sicherzustellen, dass alle Bergbaufirmen – Explorationsunternehmen, Kleinst- und

Kleinbergbauer – *alle* relevanten Gesetze und Regulierungen dieses Landes befolgen.« Dagegen dominieren im Bergbauministerium in vielerlei Hinsicht noch patrimoniale Praktiken. Das Ministerium vergibt die Schürflizenzen[81] für den industriellen Abbau bis heute oft nach »politischen« Gesichtspunkten und ist tendenziell resistent gegen (vor allem von außen angestoßene) Veränderungen.

Beide Akteure sind aufgrund ihrer unterschiedlichen Sichtweisen schon aufeinandergeprallt. Als die Minenbehörde generell unterbinden wollte, dass Exporteure und Händler Diamanten von illegalen Zwischenhändler kaufen, intervenierten die großen (allesamt legalen) Diamantenexporteure beim Bergbauminister, der dafür sorgte, dass an der bisherigen staatlichen Duldung dieser informellen Aktivitäten festgehalten wurde. Diese Intervention hat mit der Angebotsstruktur zu tun. Denn die meisten Diamanten, die hier geschürft werden, sind Steine der kleinsten Kategorie, sogenannte Mêlée-Ware. Bei dieser Ware werden die Zertifikate nicht für jeden einzelnen Diamanten ausgestellt, sondern für Päckchen. Dies ermöglicht es den Exporteure, legal und illegal geförderte und gehandelte Diamanten zu mischen. Aus Sicht des Staates ist diese Praktik – obschon illegal – akzeptabel, weil dabei, anders als beim Schmuggel der Steine ins Ausland, Exportsteuern abgeführt werden. Somit profitieren alle Beteiligten – der Staat, der legale und der illegale Markt – von dem informellen Gentleman's Agreement, das illegale Diamanten quasi legalisiert.

Der Fluch der Ressourcen

Sierra Leone ist einer der Staaten, auf denen der »Fluch der Ressourcen«[82] lastet. Denn gerade die großen Vorkommen an wertvollen Ressourcen behindern die Entwicklung des Landes. Tatsächlich wirkt sich Rohstoffwohlstand regelmäßig negativ auf die Wirtschaft aus und hemmt die Ausbildung legitimer und demokratischer politischer Strukturen. Eine der wenigen Ausnahmen ist Norwegen. Ökonomisch wertet ein starker Rohstoffexportsektor häufig die Landeswährung auf, wodurch Produkte des Industrie- und Dienstleistungssektors verteuert werden, die in der Folge an internationaler Wettbewerbsfähigkeit einbüßen. Des Weiteren wandern nicht selten Arbeitskräfte in den Rohstoffsektor ab. Da eine übermäßige Konzentration auf diesen Sektor Deindustrialisierung fördert, geraten solche Länder in eine zunehmende Abhängigkeit von den – stark schwankungsanfälligen – Weltmarktpreisen für Rohstoffe. Ressourcenreichtum kann mithin nicht in wirtschaftliches Wachstum, Diversifizierung und gesellschaftlichen Wohlstand übersetzt werden. Neben diesen ökonomischen Wirkmechanismen wird der »Fluch der Ressourcen« auch mit einer Reihe von politischen Fehlentwicklungen in Verbindung gebracht: Während rohstoffarme Länder ihren Haushalt in erster Linie aus Steuereinkommen bestreiten müssen, woraus ihre Bürger in der Regel ein starkes Mitspracherecht ableiten (»no taxation without representation«), sind die Regierungen rohstoffreicher Staaten auf diese Einkommen kaum angewiesen. Sie können sich infolgedessen von den Forderungen der – ohnehin häufig nur schwach organisierten Zivilgesellschaft – unabhängiger machen, aufsteigende oppositionelle Gruppen »kaufen« und das Militär dafür entlohnen, dass es Proteste von Bürger*innen unterdrückt.

Korruption und Patronage sind in rohstoffreichen Ländern häufig besonders stark ausgeprägt. Gerade wo demokratische Kontrolle fehlt und der Zugriff auf den Rohstoffsektor hohe Einkommen verspricht, kann der Staat leicht zur Beute werden. Politische Ämter werden dann instrumentalisiert, um sich individuell zu bereichern und politische und private Klientelnetzwerke zu kultivieren. Dabei werden häufig sowohl große Summen an öffentlichen Geldern veruntreut als auch administrative Ämter nach Maßgabe persönlicher und politischer Loyalitäten vergeben. Diese als ungerecht wahrgenommene Verteilung der Einkommen aus dem Ressourcensektor kann den Groll ausgegrenzter Gesellschaftsgruppen nähren und separatistische Konflikte zuspitzen, wie in Nigeria, Papua-Neuguinea oder dem Sudan; sie kann auch Rebellenkriege entfachen, wie in Sierra Leone, Liberia oder der Demokratischen Republik Kongo.[83] Dass die Bevölkerung an den Einnahmen aus dem Ressourcenabbau beteiligt wird, sehen Expert*innen daher als wichtigen Faktor zur Stabilisierung eines nachhaltigen Friedens an.

Stabilisierung der Gesellschaft

Die wichtigste Governance-Funktion des illegalen Diamantenmarktes für den sierra-leonischen Staat besteht darin, Subsistenzmittel für große Teile der Bevölkerung bereitzustellen. Angesichts der fast vollständigen Abwesenheit eines staatlichen Wohlfahrtssystems spielt dieser Markt in der Überlebensstrategie vieler Menschen eine zentrale Rolle. Er ist eine Quelle regelmäßiger Einkommen, aber auch von sozialer Sicherheit. Wichtig ist eine solche Stabilisierungsfunktion gerade in schwachen Ländern wie Sierra Leone. Schließlich birgt eine hohe Arbeitslosigkeit erhebliche Risiken und kann die bestehende Ordnung gefährden, wenn etwa die Kriminalität zunimmt oder die Menschen zu rebellieren beginnen. Letzteres ist besonders wahrscheinlich, wenn viele junge Menschen betroffen sind, wie vor dem Arabischen Frühling in Ägypten oder Tunesien oder bei den Protesten in Algerien und dem Sudan 2019. Zu Beginn des Bürgerkriegs in Sierra Leone waren Scharen junger Männer mit der ökonomischen Situation extrem unzufrieden, in der sich eine kleine Elite bereicherte und der großen Masse wenig blieb. Viele der Unzufriedenen schlossen sich den Rebellen an.

Wer heute in dem Land illegal Diamanten schürft oder handelt, muss nicht mit gravierenden Konsequenzen für Leib und Leben rechnen. Das bietet auch jungen Leuten eine Möglichkeit, selbst Geld zu verdienen, und sei es auch noch so wenig. Die Duldung des illegalen Tuns kann insofern als Mechanismus verstanden werden, der zur sozialen Ordnung beiträgt und die gesamte Gesellschaft stabilisiert. Staatlichen Akteuren fällt diese Duldung – unabhängig von ihrer jeweiligen Motivation – umso leichter, als sie sich der Unterstützung großer Teile der Bevölkerung gewiss sein können, die den informellen kleinmaßstäblichen Abbau von Diamanten und den Handel mit ihnen für völlig legitim halten.

Grenzenlose Schattenmärkte

Verglichen mit Sierra Leone ist Südafrika ein wesentlich stabilerer Staat, mit einem höheren Maß an Friedfertigkeit. Während Sierra Leone mittlerweile auf dem Index der Peace Foundation auf Platz 35 und damit im unteren Viertel von 178 Staaten eingruppiert wird, liegt Südafrika auf Platz 85 und damit am Ende der oberen Hälfte. Südafrika ist die einzige Industrienation Afrikas und verfügt über stabile Institutionen, darunter eine der modernsten Verfassungen, ein funktionierendes Strafverfolgungssystem und starke Sicherheitskräfte.

Die öffentliche Hand investiert viel in den Schutz von Wildtieren. Bereits in den 1960er Jahren betrieb der Staat breit angelegte Aufzuchtprogramme. Bis heute unterhält das Land große Nationalparks mit einer Fläche von ungefähr 80.000 Quadratkilometern und gibt jährlich für deren Unterhalt und den Schutz der Tiere etwa ein Prozent des Haushalts aus. In Südafrika gibt es trotz der relativ guten Ausgangsbasis viele drängende Probleme: eine stagnierende Wirtschaft, steigende Zahl von Gewaltverbrechen, hohe Arbeitslosigkeit, fehlende Wohnungen, gravierende Korruption und eine dysfunktionale Polizei. Ungeachtet dessen bezeichnet die Regierung – zumindest auf dem Papier – Nashornwilderei als »prioritäres Verbrechen«. Die Ausgaben für deren Bekämpfung sind im vergangenen Jahrzehnt deutlich gestiegen, nach einer drastischen Zunahme der Wilderei. Allerdings stammt ein bedeutender Teil der Gelder, die für den Schutz der Nashörner und die Bekämpfung der Wilderer aufgewendet werden, von Drittstaaten, zwischenstaatlichen Organisationen oder privaten internationalen Gebern.[84]

Der Staat schließt Schlupflöcher für Kriminelle, indem er etwa ein zentrales Datenregister einrichten möchte, in dem alle Genehmigungen für den legalen Abschuss von Tieren gespeichert werden, die sich dann lokal abrufen lassen. Durch einen Datenabgleich wird verhindert, dass Großwildjäger*innen mit einer Lizenz an mehreren Orten ein Tier erlegen, was in der Vergangenheit häufig vorgekommen ist. Aber die Kriminellen reagieren wie oben ausführlicher beschrieben schnell auf solche Neuerungen, rüsten technologisch auf oder ändern etwa die Routen. Forschende sprechen vom »Balloneffekt«, um deutlich zu machen, dass kriminelle Netzwerke rascher und effizienter als Gesetzeshüter reagieren. Wenn der Druck der Polizei oder von anderen Gesetzeshütern in einer Region zunimmt, verlagern sich die kriminellen Aktivitäten geographisch – genau wie bei einem Ballon: Sobald dieser an einer Stelle gedrückt wird, entweicht Luft und der Ballon wölbt sich woanders auf.

Südafrika geht auch juristisch massiv gegen das illegale Abschlachten der Tiere vor und begnügt sich dabei keineswegs mit der Verhaftung von Strohmännern. Vielmehr versucht es auch der Hinterleute habhaft zu werden und die gesamten kriminellen Strukturen aufzuklären, durchaus mit Erfolg. So wurde der Anführer eines Netzwerks, Chumlong Lemthongthai, verhaftet und 2012 zu vierzig

Jahren Gefängnis verurteilt. Das Oberste Gericht reduzierte die Strafe später auf dreizehn Jahre.[85] Schließlich wurde Lemthongthai im September 2018 nach sechs Jahren Haft entlassen und nach Thailand abgeschoben. Die Anklagen gegen alle Mitbeschuldigten wurden fallengelassen, nachdem sich Lemthongthai schuldig bekannt und behauptet hatte, dass die anderen keine Kenntnis von seinen illegalen Geschäften gehabt hätten. Bei vier weiteren spektakulären Fällen verzögert sich allerdings momentan der Gerichtsprozess, was unter anderem an den geringen Kapazitäten der Ermittlungsbehörden und an fehlenden Beweisen liegen dürfte. Erst im Herbst 2019 soll das Strafverfahren gegen das bereits 2014 aufgedeckte Netzwerk um Hugo Ras beginnen.[86] Der Prozess gegen den Nashornzüchter Dawie Groenewald könnte sogar erst 2021 beginnen. Das hat vor allem mit der veränderten Gesetzeslage zu tun, die den Handel mit dem Horn innerhalb Südafrikas mittlerweile unter bestimmten Bedingungen erlaubt. Das Verfahren gegen Dumisani Gwala begann hingegen im April 2019, während jenes gegen den ehemaligen Polizisten Joseph Nyalunga, besser bekannt als Big Joe, noch gar nicht anberaumt ist.[87] Neben dem illegalen Töten von Nashörnern geht es in diesen und hunderten anderen Fällen um Delikte wie Schutzgelderpressung, Geldwäsche und Schmuggel. Außer den Hauptangeklagten sollen sich professionelle Jäger, Tierärzte, Vertreter von Umweltschutzbehörden und andere Akteure vor Gericht verantworten.[88]

Strafrechtliche Erfolge verzeichnet auch Namibia. Aber die Zuständigkeit nationaler Strafverfolgungsbehörden endet an den Landesgrenzen. Das Nachbarland Mosambik geht kaum gegen Wilderei vor und verbot sie erst 2014 nach massivem internationalem Druck. Da es die Gesetze aber nicht implementiert, können Banden hier weiterhin ziemlich offen und ungestört agieren. In Simbabwe wiederum drohen Wilderern zwar hohe Strafen, doch gibt es kaum staatliche Ressourcen, um die Verbrechen zu ahnden. Und in Botsuana hat der seit April 2018 amtierende Präsident Mokgweetsi Masisi ein Reformprogramm initiiert. Unter anderem soll die Trophäenjagd wieder in einer Form erlaubt werden, von der die lokale Bevölkerung profitieren kann. Denn nach dem Verbot dieser Jagd im Jahre 2014 hatte das Wildtierschutzprogramm erheblich gelitten, besonders wegen des Widerstands der ländlichen Bevölkerung, die für den Verlust der Einnahmeausfälle nicht entschädigt worden war.

Eine wirksame Bekämpfung der Wilderei setzt vor allem eine internationale Zusammenarbeit mit jenen Staaten voraus, in denen das Horn verkauft wird, also vor allem mit asiatischen Ländern. Bislang konnte Südafrika die Lieferkette zwischen dem afrikanischen Busch und dem asiatischen Markt nicht wirksam unterbrechen. Die Bosse der asiatischen Netzwerke agieren ungehindert weiter, selbst wenn sie bekannt sind, wie etwa der Laote Vixay Keosavang und sein Netzwerk Xaysavang.[89] Dabei haben die USA sogar eine Million US-Dollar Belohnung für seine Ergreifung ausgesetzt. Solche Hinterleute kann die Justiz nur dann zur Rechenschaft ziehen, wenn die Ermittler in den Produktions-, Transit- und Konsumentenmärkten für Rhinozeroshorn miteinander kooperieren.[90] China und Vietnam etwa legen regelmäßig Lippenbekenntnisse ab, ergreifen aber keine konkreten Maßnahmen. Aber es gibt auch hausgemachte Probleme im südlichen Afrika. Dazu zählt die wirtschaftliche Abhängigkeit vieler Nationalparks von privaten Investoren.

Unter dem Vorzeichen neoliberaler Wirtschaftspolitik wurde seit den 1990er Jahren eine Offensive zur Privatisierung von Staatsvermögen gestartet, unter anderem von Schutzgebieten im südlichen Afrika.[91] Die Privatisierung gewisser Funktionen in Parks und die Umwandlung von Farmen in Natur- oder Jagdgehege löste Widerstand aus. Einen Teil der Infrastruktur übernahmen ungeachtet dessen private Investoren wie Banken,

Telekommunikationsunternehmen, US-amerikanische Stiftungen sowie internationale und nationale gemeinnützige Organisationen im Rahmen sogenannter »Public Private Partnerships«. Nichtstaatliche Akteure und Institutionen kontrollieren seither riesige Flächen, die eigentlich zu Zwecken des Naturschutzes stillgelegt worden waren. Lokale Regierungen und Gemeinschaften wurden beiseite gedrängt, da mächtige internationale Interessenvertreter*innen um die Position und Kontrolle der »global commons« konkurrierten.[92] Private Betreiber*innen haben Konzessionsverträge mit einer Laufzeit von zwanzig Jahren erhalten, um bestehende Lodges zu modernisieren oder neue zu entwickeln.

Gleichzeitig sollen die defizitären Parks mehr Einnahmen generieren, um ihre Aufgaben möglichst selbst zu finanzieren. So wurde begonnen, mehr Wert auf Luxustourismus zu legen, die Eintrittspreise wurden deutlich angehoben. Viele Einheimische können sich den Besuch eines Nationalparks nicht mehr leisten. Gleichzeitig wurde der Verkauf von Tieren zu einer immer wichtigeren Einnahmequelle für die Parks. Bei den Versteigerungen spielt die Länge der Rhinozeroshörner eine zentrale Rolle. Allein das deutet schon darauf hin, dass es den Käufern keineswegs um die Zucht der Tiere, sondern vor allem um die Trophäenjagd oder sogar den illegalen Weiterverkauf des Horns gehen könnte. Der Nachwuchs der Tiere wird noch immer überwiegend in den Nationalparks geboren. Die Verwertung der Tiere ist nun vor allem Sache privater Eigentümer, wovon diese lange profitierten, weil die lebenden Tiere wesentlich günstiger zu haben sind als die toten.

Nahezu unlösbar erscheint die Aufgabe, der Wilderei vor Ort die Basis zu entziehen. Rund 3,1 Millionen Menschen leben rund um den Krüger-Nationalpark. Zwar ist es irrig zu glauben, dass gemäß der Theorie der »Tragik der Allmende« diese Menschen allesamt Möchtegern-Wilderer sind und Nashörner so lange töten würden, bis die

Population zusammenbricht. Richtig ist aber, dass sich ein erfolgreicher Schutz der Tiere nicht gegen, sondern nur mit den Anwohner*innen bewerkstelligen lässt. Hier sind Chancen vertan worden. Besonders deutlich wird dies am Beispiel der Gründung des Great Limpopo Transfrontier Park, der 2001 offiziell eröffnet wurde. Vorangetrieben hatten das Projekt eines staatenübergreifenden Nationalparks unter Beteiligung Südafrikas, Mosambiks und Simbabwes wie so oft in der Geschichte des Tierschutzes konservative wohlhabende Akteure: der südafrikanische Zigarettenmagnat Anton Rupert und Prinz Bernhard aus den Niederlanden. Eine maßgebliche Rolle spielte aber auch Nelson Mandela, Idol der schwarzen Freiheitsbewegung und erster Präsident der Republik Südafrika.

Rupert gründete die Organisation Peace Parks Foundation, die zum Lobby-Instrument für die Entwicklung sogenannter Friedensparks im gesamten südlichen Afrika mutierte. Die Ziele waren ambitioniert und zukunftsweisend: Die Friedensparks sollten den ehemaligen Apartheid-Paria-Staat mit seinen südafrikanischen Nachbarn versöhnen, historische Tiermigrationsrouten erschließen, Schutz bieten und soziale Entwicklungsvorhaben verwirklichen. Die Verfechter der Idee versprachen jenen Gemeinden Unterstützung, die innerhalb oder an den Rändern des Parks gelegen waren.

Die Umsetzung beim Great Limpopo Transfrontier Park schien dem mosambikanischen Staat nur minimale Investitionen abzuverlangen, die dem Land als Ganzes zugutekommen sollten. Die Projektpartner*innen wurden beauftragt, die Legitimität des Parks zu erhöhen, indem sie den ansässigen Bewohnern Vorteile boten.[93] Südafrika hatte die Bedingungen zur Einrichtung des Limpopo-Nationalparks und des Great Limpopo Transfrontier Park ausgehandelt. Diese unterschieden sich erheblich von der ursprünglichen Vereinbarung zur Schaffung eines Schutzgebiets, das gleichzeitig »menschliche Lebensräume und eine nachhaltige Nutzung von Ressourcen ermöglicht«.[94] Die Parkverwaltungen waren aber nicht bereit, Wildtiere in Gegenden auszusetzen, in denen die Jagd erlaubt war.[95] Statt harmonische und für alle vorteilhafte Beziehungen zwischen lokalen Dorfgemeinschaften und Wildtieren aufzubauen, schürte die Gründung der Friedensparks neue Konflikte zwischen Mensch und Tier. Außerdem hatte sie die Verarmung der regionalen Anwohnerschaft zur Folge und nährte deren allgemeine Verachtung für Naturschutzinitiativen und die Sicherheitskräfte in den Parks, die hier bald als »Big Brother« betitelt wurden. Teilweise wurden auch Gemeinden umgesiedelt. Eigentlich sollte dieser Prozess 2019 abgeschlossen sein, doch weigern sich die meisten der betroffenen Dorfbewohner*innen, den Park zu verlassen.

Besonders einschneidend waren die Maßnahmen in der Gegend »Coutada 16«[96] in Mosambik, die der Staat in eine Schutzzone umwandelte. Zu dem Zeitpunkt lebten keine Wildtiere in dieser Gegend, in die zahlreiche Dorfgemeinschaften zurückgekehrt waren, nachdem der Bürgerkrieg im Jahr 1992 beendet worden war. Die Einwohner*innen hatten sich dort eine Existenz aufgebaut und betrieben Ackerbau und Viehzucht. Allein 7.000 Menschen aus acht Dörfern am Shingwedzi-Fluss mussten zwangsweise umziehen. Maßgeblich waren der Landnutzungsplan und eine Studie zur Tourismusentwicklung, die von Expert*innen im Auftrag der United States Agency for International Development (USAID) und der Peace Parks Foundation erstellt worden war. Demnach sei das Gebiet ohne Dörfer und Menschen für private Reiseveranstalter attraktiver und besser zu vermarkten.[97]

In der Wahrnehmung der betroffenen Menschen handelte die südafrikanische Regierung einseitig im Sinne der Interessen des Nachbarstaates und der internationalen und nationalen Tierschützer. Das schürte Zorn und Misstrauen und senkte bei vielen die Hemmschwelle, Nashörner zu jagen. Durch die geförderte Ausbreitung der Wildtierpopulationen in Gegenden, die Menschen bislang für die Rinderzucht genutzt hatten, kam es an vielen Orten zu Konflikten. Die ökonomische Lage der Dorfbewohner verschlechterte sich, weil beispielsweise Löwen Rinder rissen oder Elefanten Ernten zerstörten. Allerdings sind auch andere Faktoren für die wirtschaftliche Misere verantwortlich, ganz wesentlich der Klimawandel, der Ursache dafür ist, dass im südlichen Afrika Dürren zugenommen haben.

Grüne Kriege

Illegale Märkte werden von Akteuren im Globalen Norden zumeist ganz anders bewertet als von Menschen aus dem Globalen Süden. Dabei scheiden sich die Geister häufig schon an der Frage, wer die »Guten« und die »Bösen« sind. Die meisten in Europa sind der Ansicht, dass Tierschutz ein hohes Gut und die Wilderei bedrohter Tierarten ein bestrafenswertes Verbrechen ist.

Sehr viel kritischer wird der Tierschutz in Ländern gesehen, in denen durch koloniale und undemokratische Prozesse der Landaneignung die lokale (oft arme und nicht weiße) Bevölkerung den Anspruch auf ihren Grund verloren hat, auf dem sie oder ihre Vorfahren einst lebten und dessen Ressourcen sie nutzten. Auch angesichts der oben geschilderten Lebensrealität lässt sich die Dichotomie vom bösen Wilderer und guten Umweltschützer nicht aufrechterhalten.

Im südlichen Afrika befürworten konservative Umweltschützer*innen eine »Shoot to kill«-Strategie gegen schwarze Wilderer, bei denen bei der Verteidigung auch der Tod eines kriminell Agierenden in Kauf genommen wird – wie sie in anderen Ländern schon praktiziert wird. In Simbabwe und Botsuana hat sich die Gewalt aufgeschaukelt. Vielerorts gibt es heute »Green Wars«, bewaffnete

Konflikte um den Schutz von Umwelt oder Tierwelt. Ein Schlaglicht warf im Winter 2018/19 ein Skandal um den World Wide Fund for Nature (WWF). Das US-Onlinemagazin *BuzzFeed* beschuldigte in einer Artikelserie die Umweltschutzorganisation, Wildhüter in afrikanischen und asiatischen Ländern mit Geld und Logistik dabei unterstützt zu haben, auf brutale Weise gegen Wilderer vorzugehen. Die Umweltschutzorganisation hätte in mehreren Ländern Gewalt gegenüber Wilderern und Zivilbevölkerung angewandt und Menschen geschlagen, gefoltert und sogar getötet. Es ging um Vorfälle in Kamerun, Nepal und Indien.[98] Außerdem soll der WWF ein weltweites, »gefährliches und geheimes« Netzwerk an Informanten unterhalten haben, um Wildhüter*innen wertvolle Hinweise zu vermitteln. Das hatte der WWF stets abgestritten.[99]

»Die BuzzFeed-Recherchen sind eine Horrorshow mit Mord, Gruppenvergewaltigung und Vertuschung. Der neueste Bericht zeigt, dass der WWF krankhaft unfähig zu sein scheint, seine Mitschuld an Menschenrechtsverletzungen anzuerkennen«, erklärte Stephen Corry, Direktor von Survival International, einer Organisation, die sich global für die Rechte indigener Menschen einsetzt. Survival International hatte bereits früher auf entsprechende Missstände hingewiesen.[100] Es wäre falsch, die Kritik allein auf den WWF zu fokussieren. Denn es gibt reihenweise Nichtregierungsorganisationen, Staaten und Unternehmen, die im Namen des Umweltschutzes grüne Kriege unterstützen, in denen Menschenrechte verletzt werden, ganz häufig diejenigen Indigener. Dabei spielen informelle Beziehungen eine wesentliche Rolle.

Informelle Pakte

Gemeinwesen können teilweise von den illegalen Märkten wirtschaftlich abhängen, wie das Beispiel von La Salada zeigt. Denn die Heimatgemeinde profitiert davon, dass Menschen Einkommen beziehen und vor Ort ausgeben. Nicht zuletzt fallen auch legale Abgaben an, denn diejenigen, die den Markt betreiben, zahlen monatlich rund vier Millionen Pesos für Müllabfuhr, Straßenbeleuchtung und andere öffentliche Dienstleistungen. Insofern hängen die Stadtverwaltung und ihr Angebot stark von Unternehmen ab, die informell und illegal arbeiten und trotzdem einen bedeutsamen Beitrag für das Gemeinwesen leisten.

Lokalpolitiker unterstützen den illegalen Markt manchmal sogar offiziell, etwa im Rahmen des Sozialprogramms »Ropa para Todos« (Kleidung für alle), das die nationale Regierung im Jahr 2013 als Nothilfe für die bedürftige Bevölkerung eingeführt hatte. In der Gemeinde Lomas de Zamora, wo La Salada ansässig ist, beteiligten sich rund 300 Organisationen. Einmal erhielt jede von ihnen von der Gemeinde dreißig Paar Schuhe, allesamt Fälschungen: »Brandneue Imitate von Nike, Adidas und so weiter«, erzählt Richard, früher Manager auf dem Markt und heute Berater des Bürgermeisters Martín Insaurralde. Er weist auf die verschiedenen Zusammenhänge einer solchen Aktion hin: Ein reguläres Sozialprogramm versorge die Bevölkerung mit gefälschten Markenschuhen, die in Ausbeuterbetrieben hergestellt wurden; die Politik stärke dabei die Patronagenetzwerke und erhöhe die Legitimität des illegalen Marktes bei der Bevölkerung vor Ort.

Der Bekleidungsmarkt hat auch schon Unterstützung von höchster Stelle erhalten: Als eine argentinische Regierungsdelegation im Jahr 2012 der Republik Angola einen offiziellen Besuch abstattete, flogen einige Geschäftsleute mit, darunter Alejandro Morado, einer der Vizechefs der drei Lagermärkte auf La Salada. Auch durch solche Gesten erkennen Politiker die illegale und informelle Wirtschaft ein Stück weit an. Die Regierung hat die Geschäfte des informellen Textilsektors zudem indirekt unterstützt, indem sie unter den Regierungen von Néstor Kirchner

(2003–2007) und dessen Frau Cristina (2007–2015) Importbeschränkungen für Textilien einführte. Sie sollten zum Schutz der legalen Nähbetriebe dienen, aber natürlich profitieren davon auch die Schattenbetriebe, weil seither weniger asiatische Bekleidungswaren nach Argentinien exportiert werden.

Allerdings können sich die Handelnden auf einem solchen Schattenmarkt keinesfalls auf den Staat verlassen. Mehrfach haben Mitglieder staatlicher Institutionen diesen informellen Pakt schon aufgekündigt und sind gegen den illegalen Bekleidungsmarkt juristisch vorgegangen.

Um die unterschiedlichen Herangehensweisen zu verstehen, ist ein Blick auf die Geschichte von La Salada hilfreich: Als die erste Gründungswelle illegaler Sweatshops ab 1999 durch Argentinien rollte, entstanden die meisten der kleinen Betriebe in Hinterhöfen und Wohnungen in der Hauptstadt Buenos Aires, konzentriert in einigen wenigen Vierteln wie Caballito. Nachdem 2006 ein illegaler Betrieb abgebrannt war, wobei eine Frau und sechs Kinder starben, kam landesweit eine Debatte auf. »Lasst uns gemeinsam die Sklavenarbeit verbannen«, erklärte der damalige Bürgermeister Jorge Telerman und forderte die Bevölkerung auf, den Behörden illegale Sweatshops zu melden.[101] Daraufhin fanden auch kritische Stimmen Gehör, die lange vergeblich auf Missstände wie Ausbeutung oder mangelhaften Arbeitsschutz hingewiesen hatten. Plötzlich schienen sich alle daran zu erinnern, wie schlecht es um die Produktion von Textilien bestellt war, und forderten Veränderungen. Die gleiche Diskussion entbrannte sechs Jahre später in vielen anderen Ländern, nach dem Einsturz der Fabrik Rana Plaza in Bangladesch, bei dem mehr als 1.130 Menschen umgekommen waren.[102]

In Buenos Aires hatten die Behörden 2006 auf den öffentlichen Druck reagiert und begonnen, rechtliche Bestimmungen durchzusetzen. Dabei kooperiert die staatliche Arbeitsinspektion mit zivilgesellschaftlichen

Organisationen, etwa um die Sweatshops ausfindig zu machen. Die Zustände schienen sich seither zu verbessern. Diese Maßnahmen waren überfällig. Drei von fünf Erwerbstätigen arbeiteten damals bereits auf einem Schattenmarkt, der Anteil nicht formell Beschäftigter hatte sich innerhalb von zwanzig Jahren mehr als verdoppelt – ein Resultat der marktradikalen Politik. Die Regierung zentralisierte 2007 die Arbeitsaufsicht und senkte die Sozialversicherungsabgaben für kleinere Betriebe, worauf der Anteil nicht formell Beschäftigter deutlich zurückging, wenn auch nur vorübergehend.[103] Heute ist etwa die Hälfte aller Erwerbstätigen auf dem Schattenmarkt beschäftigt. 2017 erklärte der für Produktion zuständige Minister Francisco Cabrera wieder einmal, man müsse sich dem Thema widmen.[104]

Der illegale Bekleidungsmarkt ist inzwischen aus der Stadt in die Metropolregion (Provinz Buenos Aires) verdrängt worden. Ihren *Modus operandi* behalten die Sweatshop-Betreiber und -Betreiberinnen dort bei, agieren aber vorsichtiger. »Die Werkstätten wurden kleiner und versteckter«, erklärt der Aktivist Ezequiel Conde von der anerkannten Alameda Foundation.[105] Mit anderen Worten: Wenn der informelle Pakt in einem Gebiet aufgekündigt wird, wird er in einem benachbarten Gebiet einfach rekonstruiert. Das ist umso praktischer für die illegalen Produzierenden, als sich dort auch der von ihnen bevorzugte Umschlagplatz für ihre Waren befindet: La Salada. Als es im Jahr 2015 immer wieder Streit um die Stände gegeben und sich die Kontroverse darüber in den Massenmedien hochgeschaukelt hatte, griffen die Behörden ein. Sicherheitskräfte räumten den Markt und zerstörten dabei reihenweise Marktstände.[106] Aber die meiste Zeit hält der informelle Pakt zwischen den Mitgliedern staatlicher Institutionen und den illegalen Markteilnehmenden und ermöglicht reibungslose Geschäfte. Der Markt ist erheblich gewachsen, wie an der Zahl der nicht formell

Erwerbstätigen abzulesen ist, die sich zwischen 2002 und 2010 von 42.000 auf 177.000 mehr als vervierfacht hat. Hinzu kommen all die Menschen, die in den landesweit 656 kleinen Verteilzentren und den mehr als 81.000 informellen Verkaufsstellen arbeiten.

Argentinien ist kein Einzelfall. Illegale Arbeitskräfte finden sich in allen EU-Staaten, in Deutschland etwa viele häusliche Pflegekräfte aus Osteuropa. Und auch in den Vereinigten Staaten oder in der Europäischen Union schafft der Staat häufig die Voraussetzungen für Schattenmärkte, indem sie öffentliche Ausschreibungen missachten, steuerliche Regeln schwächen, bewusst Rechtslücken schaffen oder den öffentlichen Haushalt beschneiden. In der Folge können die Behörden ihren Kontrollaufgaben nicht mehr effektiv nachkommen oder wollen das gar nicht. »Nennen Sie mich Monty«, sagt Khawaja Murtaza Mashooqullah zur Begrüßung. Gemeinsam mit seinem Bruder betreibt er die Firma Synergies Worldwide, die Geschäfte vermittelt: zwischen Textilfabriken aus Pakistan, Bangladesch, China und Indien und internationalen Firmen wie Zara, Mango, KiK oder US-Polo. Bei unserem Gespräch in Karatschi über miserable Arbeitsbedingungen und Unfälle in asiatischen Textilfabriken kommt Monty schnell auf Europa zu sprechen. »Du denkst, in entwickelten Ländern [...] gibt es keine Zustände wie hier?«, fragt er und erzählt von seinem Besuch in Prato, einer kleinen Stadt in der Toskana. Neben 27.000 Chinesen mit Aufenthaltsgenehmigung arbeiten dort in tausenden Nähfabriken schätzungsweise 13.000 illegale Landsleute.[107] »Made in Italy« steht auf der Kleidung, die für Menschen mit wenig Geld produziert wird, die aber ein Faible für italienische Mode haben. Chinesen »zerstören die italienische Produktion unter den Augen der italienischen Regierung«, führt Monty weiter aus: »Sag mir: Wenn solch ein Land so etwas erlaubt, kannst Du dir vorstellen, was hier, in Bangladesch oder in Indien möglich ist?«[108]

Die Geographie der Textilindustrie hat sich seit ihrer Entstehung mehrfach verändert. Nach der Industrialisierung hatte Großbritannien Indien als wichtigstes Herstellungsland verdrängt. Ab den 1990er Jahren wanderte ein Großteil der Produktion zurück nach Asien, konkret nach China und später auch in Länder wie Bangladesch, Vietnam, Kambodscha. Heute verlagert sie sich auch nach Myanmar und Äthiopien. Gleichzeitig verändern sich die Vertriebsketten, denn viele Marken trennen sich komplett von der Produktion. Außerdem etabliert sich die Strategie der schnellen Mode, bei der sich die Taktung zwischen neuen Kollektionen stark verkürzt hat. In klassischen Modesegmenten wie der Haute Couture oder dem Pretà-Porter und bei der Konfektionsware im mittleren Preissegment wechselt das Angebot bis heute zweimal jährlich (Frühjahr/Sommer und Herbst/Winter). Bei der Billigmode dagegen sind zwölf Kollektionen und mehr gängig, um vor allem jüngere Menschen häufiger in die Läden zu locken. Bekannte Fast-Fashion-Modemarken sind Zara, H&M oder Primark.

Alle diese Faktoren wirken sich erheblich auf die Stadt und Region Prato aus, wo Familienbetriebe seit Jahrhunderten hochwertige Kleidung aus Wolle produziert und damit viel Geld verdient hatten. Mittlerweile haben Betriebe reihenweise aufgegeben oder ihre Produktion nach Asien verlagert. In die leeren Hallen mieten sich häufig chinesische Geschäftsleute ein, die sich zuvor als Zulieferant für italienische Firmen verdingt hatten.

Schon in früheren Zeiten waren Arbeitssuchende aus anderen Ländern nach Italien gekommen, aus Rumänien, Albanien oder Marokko. Den Unternehmen und vielen Politikern und Politikerinnen waren sie willkommen, weil sie dank dieser billigen Kräfte die Arbeitskosten senken konnten. Das war wiederum ein Grund dafür, warum sich in Italien – anders als in vielen anderen europäischen Ländern mit hohen Löhnen – trotz der asiatischen Konkurrenz eine Textilproduktion mit beträchtlichen Ausmaßen halten konnte. Der Druck auf die italienische Exportindustrie stieg infolge der Einführung des Euro im Jahr 2002 erheblich. Zu Zeiten der Lira hatte die italienische Regierung regelmäßig die heimische Währung abgewertet und damit die Wettbewerbsfähigkeit der Exportbetriebe gestärkt. Mit dem Euro fehlte fortan dieses wirtschaftspolitische Instrument der Wechselkursanpassung.

Ein großer Teil der Zugewanderten war ohne gültige Papiere nach Italien gekommen und arbeitete nun in der Schattenwirtschaft. Der Staat hatte dabei absichtlich oder unbeabsichtigt Anreize für Unternehmen geschaffen, Arbeitskräfte ohne Papiere vorzuziehen. Denn Firmen mussten nur eine geringe Geldstrafe zahlen, wenn die Behörden bei ihnen Wanderarbeiter und -arbeiterinnen ohne Dokumente erwischten. Für Zugewanderte mit einer Aufenthaltsgenehmigung, die sie schwarz beschäftigten, mussten sie jedoch Sozialversicherungsbeiträge nachzahlen, wenn sie aufflogen.

Der italienische Staat förderte die Sweatshops auch durch diverse Amnestien, bei denen illegale Eingewanderte gültige Papiere erhalten konnten. An manchen Tagen eröffnete das chinesische Generalkonsulat in Florenz einen improvisierten Straßenstand, an dem Reisepässe beantragt werden konnten. Davor bildeten sich Schlangen von tausenden illegalen Zugewanderten aus China, die zuvor in verschiedenen europäischen Ländern gearbeitet hatten und jetzt die Amnestie nutzen wollten, um in Italien eine gültige Arbeitserlaubnis zu bekommen. Eine Voraussetzung dafür war ein gültiger Reisepass.[109]

Nach und nach übernahmen die als Arbeitskräfte ins Land gekommenen Chinesen und Chinesinnen selbst das Geschäft und begannen billige Mode auf eigene Rechnung zu produzieren, genauso wie viele Bolivianer und Bolivianerinnen auf La Salada. Die chinesischen Sweatshops in Italien beschäftigen vor allem Landsleute, die häufig illegal ins Land gekommen sind. Denn nach der Hinwendung Chinas zur Marktwirtschaft waren von 1989 an viele Staatsunternehmen umstrukturiert oder geschlossen worden. Dabei verloren viele Menschen ihren Arbeitsplatz und mithin ihre Existenzgrundlage. Einige davon machten sich nach Europa auf, meist ohne Kapital oder Knowhow. Sie nahmen harte und unsichere Arbeitsbedingungen hin, um später ihren Traum vom Wohlstand zu verwirklichen: einen Textilbetrieb oder ein Restaurant zu gründen. Vielen gelang dies tatsächlich. Von den mehr als 300.000 Chinesen und Chinesinnen, die 2013 eine dauerhafte Aufenthaltsgenehmigung für Italien hatten, besaßen mehr als 40.000 einen eigenen Betrieb.

Sweatshops mit ungesetzlichen Arbeitsbedingungen haben heute überall in Europa Konjunktur, so auch in Großbritannien. Angesichts von bisweilen wöchentlich wechselnden Kollektionen lohnt es sich, Waren näher an den Absatzmärkten zu produzieren, um Zeit zu sparen. In Leicester – einer der englischen Hochburgen für Sweatshops – verdienen die meisten Beschäftigten in solchen Textilbetrieben nur rund drei Pfund je Stunde, weniger als die Hälfte des gesetzlichen Stundenlohns.[110] Mit Blick auf diese Verhältnisse spricht ein Fabrikbetreiber von einem »Land innerhalb des Landes«. Ein Arbeiter berichtet von blockierten Fluchttüren, alten Maschinen, Urlaubsverzicht und schlechter Bezahlung – Verhältnissen, die heutzutage viele nur noch in Ländern des Globalen Südens vermuten.[111]

Die Arbeitsbedingungen auf den Schattenmärkten wirken sich auch auf die regulär Beschäftigten aus, ebenso wie die massenhafte Auslagerung der Produktion in Betriebe im Ausland. Die Arbeitskräfte und ihre Vertretung werden von Unternehmen immer wieder gegeneinander ausgespielt. Aus Angst vor der Schließung ihres Standorts akzeptieren die Gewerkschaft und Betriebsräte oft erhebliche Verschlechterungen. In der italienischen

Textilindustrie unterschrieben sie in den 1990er Jahren vorher undenkbare Vereinbarungen, etwa für Nacht- und Sonntagsarbeit.[112]

Dem Globalisierungsindex der ETH Zürich zufolge hat sich die wirtschaftliche, soziale und politische Globalisierung von 1990 bis 2007 rasant entwickelt. Danach hat sie trotz Finanzkrise und der darauffolgenden Rezession weiterhin leicht zugenommen.[113] Davon profitieren insbesondere große, grenzüberschreitend tätige Konzerne: Die größten 30.000 haben zwischen 1989 und 2015 ihren Umsatz von 56 auf 130 Billionen US-Dollar mehr als verdoppelt und in der gleichen Zeit ihren Gewinn sogar verfünffacht, nach Abzug von Steuern und Zinsen für Kredite.[114] Folglich müssen die Kosten der Konzerne drastisch gesunken sein, ganz nach der betriebswirtschaftlichen Gleichung: Umsatz – Kosten = Gewinn. Ursachen dafür sind bahnbrechende technische Neuerungen wie die Erfindung von Computer, Internet oder Container, wesentlich aber auch die Verlagerung von Arbeit in Regionen mit geringen Standards für Umwelt und soziale Anforderungen. So werden heute bei 18 Prozent des globalen Handels Lohnvorteile ausgenutzt.[115]

Dafür vergeben Konzerne gewöhnlich Aufträge an legale Betriebe, bei denen die Beschäftigten deutlich weniger verdienen, als wenn die Produkte in den unternehmenseigenen Fabriken gefertigt würden. Häufig lagern die Zulieferer und Zulieferinnen wiederum einen gehörigen Teil der Arbeit an andere Betriebe aus, um die eigenen Kosten zu drücken und die Preisanforderungen der Auftraggebenden erfüllen zu können. So entstehen lange Ketten, die häufig in der Schattenwirtschaft ihren Anfang nehmen. Es kommt zu einer Abwärtsspirale. Angesichts solcher Verhältnisse sind Beschäftigte und Gewerkschaften global in die Defensive geraten. Das Kräfteverhältnis zwischen Kapital und Arbeit hat sich dramatisch verschoben. Ablesen lässt sich dies an der Lohnquote, die den

Anteil von Löhnen und Gehältern am Bruttoinlandsprodukt misst. Sie ist seit Anfang der 1980er Jahre deutlich gefallen, und zwar in den Industrie- und Schwellenländern ebenso wie in den Ländern des Globalen Südens.[116] Umgekehrt entwickelte sich dagegen die Gewinnquote, die sich eigentlich spiegelbildlich zur Lohnquote verhält. Wir beobachten also eine krasse Umverteilung zugunsten höherer Einkommen und größerer Vermögen.

»Immer mehr Menschen sind trotz Arbeit arm«, konstatiert etwa Philip Jennings, der aus einer walisischen Arbeiterfamilie stammt. Der langjährige Chef des internationalen Gewerkschaftsdachverbandes UNI Global Union fungiert bei der Internationalen Arbeitsorganisation als Ratgeber. Als junger Mann erlebte er den politischen Paradigmenwechsel und die Fehlentwicklung, die er in der einseitigen Fokussierung auf den Markt sieht. In den 1970er Jahren habe man dem Ende des Gesellschaftsvertrages und der Geburt der neoliberalen Ära beiwohnen müssen, erklärt er und kommt auf die damalige britische Regierungschefin Margaret Thatcher zu sprechen, die geäußert hatte: »Es gibt keine Gesellschaft. Es gibt nur Individuen und Familien«. Damit brachte sie ihr Misstrauen gegenüber jedwedem Kollektivismus zum Ausdruck. Für Jennings gehörte dies zu einer gut koordinierten und organisierten Strategie, die Stimme der Arbeit politisch und wirtschaftlich zu schwächen, was zu immer mehr Ungleichheit geführt habe.

Großbritannien war keine Ausnahme: In allen Industrieländern wurden die Arbeitsmärkte dereguliert, vielerorts noch einmal verstärkt nach der Finanzkrise von 2008 in der EU. In den USA sind neun von zehn legal Angestellten und Erwerbstätigen »at will« beschäftigt, ihnen kann jederzeit ohne Angabe von Gründen gekündigt werden. Über die Definition eines existenzsichernden Lohns gibt es große Meinungsverschiedenheiten. Unbestritten ist, dass in kaum einem Land der gesetzliche Mindestlohn ausreicht, um die Grundbedürfnisse einer Familie zu befriedigen.

Teilweise wurden im Zuge dieser globalen Prozesse unfassbare Arbeitsverhältnisse legalisiert. Auch deswegen arbeiten Menschen – mitten in Europa – heute unter Bedingungen, die ihre Eltern für längst überwunden hielten. Manche müssen sich einem geradezu unmenschlichen Diktat ihrer Firmen unterordnen. Das gilt etwa für die Beschäftigten mit den sogenannten Null-Stunden-Verträgen in Großbritannien, die tatsächlich legal sind. Sie wissen nicht, wann und wie viele Stunden sie arbeiten sollen – aber es handelt sich um registrierte Arbeit. Und wenn jemand einen solchen Job ablehnt, erhält er keine staatliche Unterstützung mehr. Neben diesen Sektoren legaler prekärer Beschäftigung lassen Staaten auch neue Inseln der Illegalität in der Arbeitswelt zu. So ist in vielen Metropolen ein riesiger Markt entstanden, getragen von informellen Beschäftigten, Geschäftsleuten und Handelstreibenden – parallel zur »formellen Wirtschaft des neuen fortschrittlichen Kapitalismus«, wie die Soziologin Saskia Sassen schreibt.[117] Ein Paradebeispiel ist Prato, wo 2013 sieben Näherinnen starben, die in einer Unterkunft aus Gips und Karton innerhalb eines Textilbetriebs gehaust hatten. Als sie Essen auf einem Gaskocher zubereiteten, brach ein Feuer aus. Sie konnten nicht fliehen und verbrannten, weil die Fenster vergittert waren.

In Sierra Leone hat der Staat mit seiner Bergbaupolitik maßgeblich zur Schaffung des illegalen Diamantenmarktes beigetragen. Die Bürger*innen sehen in der industriellen Förderung vor allem eine Ausbeutung ihres Heimatlandes und großer Teile der Bevölkerung. Tatsächlich profitierte seit der Herrschaft der englischen Kolonialregierung fast immer nur eine kleine in- und ausländische Elite. Mit dem kommerziellen Abbau der Diamanten begann 1931 der Consolidated African Selection Trust, ein Unternehmen des britischen Selection Trust Limited, damals das größte Bergbauunternehmen weltweit. Dessen Anteilseigner war das südafrikanische Diamantenmonopol De Beers.[118] Im Jahr 1932 sprach die Kolonialregierung dem Sierra Leone Selection Trust Limited (SLST), einer weiteren Tochtergesellschaft des Selection Trust Limited, exklusive Schürf- und Prospektierungsrechte für 99 Jahre zu. Schon die ersten »Diamantenräusche« in den 1950er Jahren weisen alle Merkmale auf, die den Markt jahrzehntelang prägen sollten: Die Schürfaktivitäten der indigenen Bevölkerung wurden kriminalisiert und verfolgt, während sich die politische und ökonomische Elite am Bergbau legal und illegal bereicherte. Nach der Unabhängigkeit im Jahr 1961 wurde diese Praxis, mit wechselnden Akteur*innen, fortgesetzt. Unter der Herrschaft von Premierminister Siaka Stevens, der 1971 Präsident wurde, entwickelte sich Sierre Leone von Mitte der 1960er bis Mitte der 1980er Jahre zu einem »Schattenstaat«, in dem ein Regierungsapparat hinter der Fassade formaler Rechtmäßigkeit und anerkannt durch die internationale Gemeinschaft die Ressourcen plünderte, um privaten und politischen Gewinn zu erzielen.[119] Zuständig für die industrielle Förderung war nun ein quasi-staatliches Unternehmen: die National Diamond Mining Company. Auch Stevens Nachfolger setzten die Interessen der korrupten Elite und ausländischer Investor*innen durch. Dabei schreckten sie vor Gewalt nicht zurück, etwa als das US-Unternehmen Sunshine Broulle Anfang der 1990er Jahre verlangte, dass vor seinem Markteintritt alle illegalen Arbeiter und Händler aus den Schürfgebieten um Kono ausgewiesen werden. Alle internationalen Geldgeber*innen unterstützten dieses Ansinnen. Die Armee vertrieb daraufhin schätzungsweise 30.000 illegale Schürfer.[120]

Nach Ende des Bürgerkriegs wurde die industrielle Förderung 2002 erneut in die Hand eines großen Konzerns gelegt, auch auf Wunsch internationaler Geberorganisationen. In Nachkriegsgesellschaften sehen viele Regierungen und deren Ratgeber*innen ausländische Direktinvestitionen als Schlüssel für Entwicklung an. Im Vergleich zu hunderttausenden artisanalen Schürfer, die über große Landstriche verteilt nach Diamanten suchen, erscheint es häufig verhältnismäßig einfach, industrielle Minen zu kontrollieren und zu besteuern. So erklärte die Weltbank 2005 in einem Bericht: »Eine schnelle Reaktivierung geschlossener Minen, gefolgt von neuen Investitionen in industriellen Bergbau, kann dringend notwendige Staatseinnahmen und Devisen für den Wiederaufbau bereitstellen.«[121]

Andere Geberorganisationen warnten schon früh davor, dass Bergbauunternehmungen, die auf »besonderen Anreizen« für die internationalen Investoren in Form von großzügigen Steuererlässen beruhen, die Staatseinnahmen gravierend reduzieren würden.[122] Der Gewinn für den Staat ist mithin gering, die Verlierer*innen bei solchen Deals sind die Bürger*innen. Zudem wird die ansässige Bevölkerung oft vertrieben oder umgesiedelt. All dies gilt auch über den Bergbausektor hinaus für ausländische Investitionen im großen Stil, etwa im Agrarsektor. Dort muss die lokale Bevölkerung in vielen Fällen Plantagen weichen, auf denen Kautschuk, Palmöl oder andere Landwirtschaftsprodukte für den Export erzeugt werden. Ein anderes Beispiel sind die Meere vor der westafrikanischen Küste, die unter anderem durch Fabrikschiffe aus Europa überfischt werden. In der Folge können viele ortsansässige Kleinfischer*innen ihren Lebensunterhalt nicht mehr verdienen. So erodieren im Inland und an der Küste die wirtschaftlichen Existenzgrundlagen der Bewohner*innen, die zuvor schon eher dürftig waren.

Der industrielle Abbau in der diamantenreichen sierraleonischen Region Kono liegt heute in der Hand des internationalen Konzerns Octéa/Koidu Holdings Limited. Zwar fasst derzeit auch eine Handvoll weiterer Bergbauunternehmen in Kono Fuß. Doch Octéa/Koidu Holdings führt bis heute die großmaßstäbliche Diamantenproduktion in

Sierra Leone an. Das Unternehmen exportiert etwa die Hälfte aller Diamanten aus dem Land, vor allem nach Europa. Der Konzern gehört zur Firmengruppe BSGR des Geschäftsmanns Beny Steinmetz, der als reichster Mann Israels gilt und schon einige Male im Visier von Ermittlungen stand. Er wurde 2018 festgenommen, weil er sich die Rechte für die Ausbeutung einer Eisenerzmine in Guinea illegal beschafft haben soll. In Rumänien steht Steinmetz wegen der Bildung einer kriminellen Vereinigung und wegen Geldwäsche vor Gericht. Der Geschäftsmann hat alle Vorwürfe stets zurückgewiesen. Der Verdacht gegen ihn wird durch die sogenannten Panama-Papers erhärtet,[123] die diverse Medien 2016 veröffentlicht hatten. Darin wird die Identität vieler Unternehmen offengelegt, die mittels Briefkastenfirmen in Steueroasen ihre Steuerlast minimiert haben.

Die Schürflizenz für Koidu, dem Hauptort des Distrikts Kono, kaufte der Multimilliardär Steinmetz der mittlerweile aufgelösten Sicherheitsfirma Executive Outcomes ab. Deren Gründer waren Militärs, die in Südafrika nach dem Ende der Apartheid aus der Armee entlassen worden waren. Sie kämpften danach als Söldner in verschiedenen afrikanischen Bürgerkriegen, auch in Sierra Leone, wo sie von der Regierung mit Schürfrechten bezahlt wurden.

Bei der Bevölkerung Konos genießt Octéa/Koidu Holdings keinen guten Ruf. Sie wirft der Firma Umweltverschmutzung vor und nimmt Anstoß an der Umsiedlung von Bewohner*innen und daran, dass die gigantische Mine für Stadt und Distrikt keine erkennbaren positiven Effekte hat. Außerdem beschuldigen Einheimische den Konzern des Rassismus, der Gewaltanwendung und der widerrechtlichen Kündigung streikender Angestellter. Bei Protesten im Jahr 2007 und 2012 erschossen Sicherheitskräfte des Unternehmens vier Demonstranten und verwundeten viele weitere. Im Frühjahr 2019 zog die sierra-leonische Menschenrechtsorganisation Network Movement for Justice and Development (NMJD) deshalb vor Gericht. Das ist nicht der erste Prozess gegen den Konzern, der zuvor bereits vom Bürgermeister Koidus verklagt worden war. Zudem zahlt BSGR kaum Steuern, was typisch für diesen Geschäftszweig ist: Vier der fünf großen Minenunternehmen in Sierra Leone (Koidu Holdings, African Minerals, Sierra Mineral Holding 1 und Sierra Rutile) gehören Gesellschaften, die ihren Sitz in einer Steueroase haben, auf den Bermudas oder den British Virgin Islands. Zeitweise zahlte nur eines davon Körperschaftssteuer. Auf den Bergbau entfielen 2016 mehr als 90 Prozent der Exporte Sierra Leones. Die daraus stammenden Einnahmen machten aber nur fünf Prozent des Staatshaushalts aus.[124] All dies geschieht meist völlig legal. Die Unternehmen greifen auf diverse Steuervermeidungspraktiken zurück und lassen sich dabei von internationalen Wirtschaftsprüfungsgesellschaften und Kanzleien beraten.

Der Abbau der Bodenschätze durch ausländische Konzerne in seiner heutigen Form ist für das Land mit erheblichen Nachteilen verbunden, kaum mit Vorteilen. Man kann sich durchaus fragen, ob die Volkswirtschaft nicht in höherem Maße von der (legalen und illegalen) kleinstmaßstäblichen Diamantenförderung profitiert als von dem legalen industriellen Abbau. Aus dem Export der Diamanten nahm der Staat 2016 nur etwas über zwei Millionen US-Dollar ein. Hinzu kommen unter anderem Lizenzgebühren, weitere Abgaben und Steuern sowie die Gehälter der Arbeiter*innen, die damit die Nachfrage in dem Land beleben. Bei den Koidu Holdings arbeiten etwa 1.300 Angestellte. Weitere Arbeiter*innen sind bei einer Handvoll Schürffirmen beschäftigt, die sich in der Explorationsphase befinden. Außerdem gibt es schätzungsweise rund 100.000 bis 200.000 Schürfer, die mit oder ohne Lizenz im Kleinbergbau Diamanten suchen. 2016 förderten Klein- und Kleinstbergbauern Diamanten über 220.000 Karat im Wert von fast 80 Millionen US-Dollar. Im Gegensatz zu den

Gewinnen industrieller Großunternehmen werden diese Einnahmen auf viele Menschen verteilt, denn sie fließen zum größten Teil in die heimische Wirtschaft und werden nicht außer Landes geschafft.

Natürlich würde ein Großteil der Menschen, die heute unabgesichert arbeiten, sehr gerne in eine legale und abgesicherte Beschäftigung wechseln, wenn das möglich wäre. Solange dies aber nicht der Fall ist, ist die Forderung nach einer kompletten Abschaffung der Möglichkeit, einem nichtformellen Erwerb im kleinen Maßstab nachzugehen, ebenso zynisch und naiv wie eine Kriminalisierung dieser arbeitenden Menschen. Ein Verbot alleine hilft wenig. Ohne überzeugende Alternativen bleibt den Kleinbergbauern nichts anderes übrig, als weiter zu schürfen – und ihre Aktivitäten allenfalls zu verlagern, wenn zusehends strengere Kontrollen ihnen das Leben schwer machen.

Fehleinschätzungen

Von einer Liberalisierung der Wirtschaft, insbesondere der Arbeitsmärkte, versprachen sich Experten einen Anstieg des Anteils der formalen Arbeit. Damit begründeten viele internationale Akteure wie die Weltbank ihre Strategie. In etlichen Ländern wurden seit den 1980er Jahren die Arbeitsmärkte dereguliert, Staatsunternehmen privatisiert und Subventionen gestrichen. In Industrieländern setzten Regierungen dieses Konzept aus eigenem Antrieb um, in vielen Ländern des Globalen Südens erst auf Druck internationaler Organisationen wie Weltbank und Internationaler Währungsfonds. Sie knüpften Kredite an Staaten regelmäßig an die Bedingung, dass sogenannte Strukturanpassungsprogramme umgesetzt werden. Tatsächlich nahmen die Wettbewerbsintensität und die Globalisierungstendenzen seit Anfang der 1990er Jahre gehörig zu. In der Folge lagerte der formale Sektor einen erheblichen

Teil der Produktion in den informellen Bereich aus, der kostengünstiger und flexibler produzieren kann, weil er gesetzliche Regelungen missachtet. Durch diesen Schritt konnte der formale Sektor seine Produktivität schneller steigern als der informelle, weswegen sich der Dualismus zwischen beiden verstärkte. Für informell tätige Unternehmen wurde es zunehmend schwieriger, mit formellen Firmen zu konkurrieren. Damit entfiel für sie der Anreiz, ihren Betrieb zu formalisieren. Vielmehr waren sie immer stärker auf die Kostenvorteile angewiesen, die mit der Ausbeutung der Arbeiter*innen, der Vermeidung von Steuerzahlungen und Sozialabgaben und mit sonstigen Verstößen gegen Umweltauflagen verbunden sind.

Forscher haben dies am Beispiel Indiens dargelegt.[125] Der Staat verfolgte hier seit den 1990er Jahren eine in vielen Zügen neoliberale Wirtschaftspolitik, in deren Folge sich die Kluft zwischen formalem und informellem Sektor vertiefte und der ohnehin hohe Anteil der Erwerbstätigen im informellen Sektor weiter anstieg – auf 88,2 Prozent.[126]

Im Gegensatz zu den Prognosen vieler Ökonom*innen hat die nichtformelle Beschäftigung seit Anfang der 1980er Jahre nicht nur in allen Ländern des Globalen Südens, sondern auch in vielen hochentwickelten Industrieländern Zuwächse verzeichnet, woran die Staaten mit ihrer Wirtschaftspolitik erheblichen Anteil hatten. Zudem entstanden neue Formen ungeschützter Arbeit: Beschäftigte werden oft nur teilweise oder gar nicht gemeldet, die Zahl der auf eigene Rechnung arbeitenden Selbstständigen nimmt stetig zu.[127] Die nichtformelle Ökonomie beschränkt sich eben nicht auf die »Ränder« der Gesellschaft und wenig entwickelte Länder, in denen der Staat abwesend ist.[128] Vielmehr sind die Schattenmärkte auch fest in den kapitalistischen Zentren verankert. Illegale Finanzzentren stellen die notwendige Infrastruktur bereit, mit deren Hilfe Personen und Unternehmen Steuergesetze und Transparenzregeln unterlaufen können. Die drei größten ihrer

Art befinden sich an Knotenpunkten des Kapitalismus: in der Schweiz, den USA und auf den Kaimaninseln, die wie diverse andere Steueroasen eng mit der Finanzmetropole London verbunden sind.[129] Solche Strukturen bieten illegalen Akteuren viele Möglichkeiten, im großen Umfang Geschäfte zu tätigen.

Staaten sollen nach dem neoliberalen Verständnis genauso wie Unternehmen um Investoren konkurrieren: Dabei geht es auch um einen Wettbewerb der Systeme. Dieser hat aber fatale Folgen. Weil sich die Staaten bei der Regelung von Unternehmenssteuern nicht abgestimmt hatten, konkurrierten sie beispielsweise darum, wer weniger Steuern erhebt, womit sie eine Abwärtsspirale in Gang setzten. Der durchschnittliche Unternehmenssteuersatz sank laut Wirtschaftsprüfungsunternehmen KPMG zwischen 1999 und 2016 von 32,7 auf 23,6 Prozent. Am stärksten fiel er in der EU (um 35,3 Prozent), vor Asien (30,8 Prozent) und Lateinamerika (5,3 Prozent).[130] Besonders massiv sind die Länder des Globalen Südens von finanziellen Ausfällen durch Steuerverlagerung und -vermeidung der Unternehmen betroffen. Denn bei ihnen verschärfen mangelhafte staatliche Institutionen das Problem ebenso wie die gängige Bereicherung nationaler Eliten, die einen Großteil ihres Geldes außer Landes schaffen. Aufgrund dessen fehlen Mittel, um die Aufgaben eines modernen Staates zu erledigen und dazu Personal einzustellen. Gleichzeitig wird ein großer Teil der Menschen kaum oder schlecht ausgebildet, was es ihnen erschwert, eine Arbeit im formalen Sektor zu finden. Einziger Ausweg ist für viele der informelle Sektor – im Sinne einer Überlebensökonomie. Mittlerweile haben die internationalen Akteure ihren Kurs zumindest verbal geändert. So kritisiert die Weltbank den Steuerwettbewerb zwischen Staaten und Unternehmen und erklärt laut ihrem Chefökonomen neuerdings »die Eindämmung von Ungleichheit und das Teilen von Wohlstand« zu einem ihrer Ziele.[131]

5 Perspektiven und Verbesserungsvorschläge

Mehr als die Hälfte der Erwerbstätigen verdient ihr Geld auf einem Schattenmarkt, in ungesicherten und häufig prekären Verhältnissen. Zu diesem illegalen Sektor zählen mehr als 90 Prozent der kleinen und mittelgroßen Unternehmen in Afrika, Lateinamerika und Asien.[132] Der Anteil der nichtformell Erwerbstätigen steigt wie gesagt überall auf der Welt. Deswegen hat die Art und Weise des Umgangs mit Schattenmärkten große Bedeutung. Es muss einiges geschehen, wenn der Anspruch auf menschenwürdige und anständige Arbeitsverhältnisse für alle Erwerbstätigen, wie ihn die Vereinten Nationen formulieren, glaubwürdig aufrechterhalten werden soll. Die Schattenwirtschaft gedeiht dabei vielerorts »unter der Schirmherrschaft staatlicher Toleranz«, weil sie »potenzielle soziale Konflikte löst oder politisches Mäzenatentum fördert.«[133] Sie wird aber auch indirekt durch die legale Wirtschaft gefördert, wenn von dieser nur wenige Menschen profitieren.

Im Globalen Norden hat sich die Situation der arbeitenden Bevölkerung seit den Anfangszeiten des Kapitalismus deutlich verbessert. Notwendig war dafür ein jahrzehntelanger Kampf der Arbeiter*innen, die sich auf betrieblicher und gesellschaftlicher Ebene sowie grenzüberschreitend zusammengeschlossen hatten, um für bessere Arbeitsverhältnisse und eine höhere Entlohnung zu kämpfen. Nur auf diesen Druck hin regelten die entsprechenden Staaten die Rahmenbedingungen für Arbeit, etwa in Bezug auf Höchstarbeitszeiten und Urlaubsansprüche, und schufen Systeme, mit denen arbeitende Menschen im Krankheitsfall oder Alter abgesichert wurden. Anfang des 20. Jahrhunderts setzte sich dann die Erkenntnis durch, dass eine solche Regelung der Arbeitsstandards auch auf internationaler Ebene notwendig ist. Bliebe sie aus, könnten sich einzelne Staaten Wettbewerbsvorteile verschaffen. Dies bereitete den Weg für die Gründung der Internationalen Arbeitsorganisation (ILO) im Jahre 1919. Als Bestandteil des Friedensvertrags von Versailles wurde sie nach Gründung der UNO eine ihrer Tochterorganisationen.

Rasante Fortschritte gab es für die Arbeitenden in den früh industrialisierten Ländern zwischen 1945 und 1975, auch als »trente glorieuse« bezeichnet. In der stabilen Nachkriegsordnung unter Führung der Vereinigten Staaten wurde in großem Ausmaß in den Auf- und später in den Ausbau der Infrastruktur und Wirtschaft investiert. In dieser Zeit gelang auch vielen Arbeiterkindern in Europa der gesellschaftliche Aufstieg. Auf die Ölkrise und die neoliberale Wende folgte seit den 1970er Jahren aber die Krise des Wohlfahrtsstaates. Die Politik reagierte unter anderem mit einer Deregulierung der Arbeitsverhältnisse und des wohlfahrtsstaatlichen Sektors, in Deutschland etwa mit den Hartz-Reformen. 2005 pries Bundeskanzler Gerhard Schröder auf dem Weltwirtschaftsforum in Davos das Vorhaben der rot-grünen Regierung: »Wir haben unseren Arbeitsmarkt liberalisiert. Wir haben einen der besten Niedriglohnsektoren aufgebaut, den es in Europa gibt.«[134] In Deutschland wuchs damals der Niedriglohnsektor so rasch wie nirgendwo sonst. 2008 waren bereits 23 von 100 Beschäftigten Geringverdiener.[135] Andere Länder folgten diesem Beispiel. Eine Welle harter Einschnitte gab es nach der Finanzkrise von 2007 vor allem in den südeuropäischen Ländern. Im öffentlichen Dienst und in der Privatwirtschaft wurden Löhne gesenkt, Mindestlöhne gekürzt, Arbeitszeiten verlängert, der Kündigungsschutz verschlechtert, das Rentenalter angehoben und vor allem das Tarifsystem ausgehöhlt.[136]

Die Verfechter einer Deregulierung der Wirtschaft waren so erfolgreich in den vergangenen dreißig Jahren, dass wir jetzt auch in Europa mit den Folgen ihrer wachstumsorientierten Politik konfrontiert sind: prekäre Beschäftigung, steigende Altersarmut, Angst vor der Zukunft und Verdruss über wirtschaftliche, politische und Medieneliten. Trotz des Negativtrends sind die Verhältnisse für Arbeitnehmer*innen auf dem europäischen Kontinent, verglichen mit dem Rest der Welt, aber immer noch die besten. Es gibt andere Länder, in denen es noch nie eine wirksame Regelung für Arbeitende gegeben hat, etwa in Sierra Leone. Diese Unterschiede sollte man im Hinterkopf behalten, wenn man sich über Ansätze Gedanken macht, die Menschen in der Schattenwirtschaft helfen könnten. Es gibt dafür kein Patentrezept. Vielmehr muss man sich konkret anschauen, in welchen Markt illegale Aktivitäten und nichtformelles Arbeiten eingebettet sind.

Arbeitende stärken

Ein Schürfer in Sierra Leone kann froh sein, wenn er am Ende eines Tages harter Arbeit einen US-Dollar verdient. Solange der Verdienst dermaßen gering ist und sich viele Menschen nicht einmal die für diese Arbeit notwendigen Utensilien leisten können, ist es unrealistisch, die Leute mit gutem Zureden oder Strafandrohung zu bewegen, sich die vorgeschriebene Lizenz zu besorgen und Steuern zu zahlen. Vor allem können solche Schritte der Formalisierung den Menschen, die ohnehin schon zu den Ärmsten der Armen gehören, ihre Überlebensgrundlage nehmen. Vielversprechender wäre es, den Einzelnen so auszustatten, dass legales Wirtschaften für ihn Sinn ergibt.

Einige aktuelle Ansätze im artisanalen Bergbausektor, die dies anstreben und die vor allem von Akteuren der Entwicklungszusammenarbeit, aber auch von Marktunternehmen unterstützt werden, sind zum Beispiel Fair-Trade-Initiativen und -Kooperativen. Indem der Zwischenhandel eliminiert wird, soll es den Schürfern ermöglicht werden, ihre Funde direkt an Abnehmer*innen im Ausland zu verkaufen, etwa an Schmuckkonzerne, und höhere Erlöse zu erzielen. Während der Fokus der Kooperativen vor allem auf der Selbstorganisation der Schürfer liegt, geht es den Fair-Trade-Initiativen vor allem um Arbeits-, Gesundheits-, Sicherheits- und Umweltstandards. Die grundlegende Idee dabei ist, dass Käufer*innen bereit sind, einen höheren Preis für Steine zu zahlen, die unter besseren sozialen Bedingungen produziert wurden, so wie beim fair gehandelten Kaffee.

In Sierra Leone zertifiziert die Diamond Development Initiative – die maßgeblich von enttäuschten Begründer*innen des Kimberley-Prozesses ins Leben gerufen wurde – seit knapp zwei Jahren Minen, die ihre Standards einhalten. Die Standards werden als »Maendeleo« bezeichnet, was auf Swahili Fortschritt und Entwicklung bedeutet und für die Achtung der Menschenrechte, den Respekt vor der Umwelt und für wirtschaftliches Wohlergehen der Bergbaugemeinden stehen soll.[137] Die zivilgesellschaftliche Initiative, die die Situation der artisanalen Schürfer verbessern will, kooperiert dabei mit dem Marktführer De Beers, der seit 2018 Diamanten aus Maendeleo-zertifizierten Minen ankauft und parallel dazu unter dem Namen GemFair ein eigenes Zertifizierungssystem entwickelt. Damit will das Unternehmen wieder in den artisanalen Markt einsteigen, aus dem es sich in Folge der »Diamantenkriege« der 1990er Jahre komplett zurückgezogen hatte. Hintergrund dieser Neuerungen ist, dass vielen Konsument*innen die Versicherung, dass ein Diamant nicht in Kriegssituationen abgebaut wurde, mittlerweile nicht mehr reicht. Sie wollen sicher sein, dass die Steine unter menschenwürdigen Bedingungen abgebaut wurden. Dank dieser Initiative kann sich das Unternehmen an die Spitze der Entwicklung von fairem Handel und Nachhaltigkeit setzen und sich so vor Konsumentenprotesten und Boykott schützen.

Erste Forschungsergebnisse zeigen jedoch, dass die Zertifizierungssysteme bislang nicht funktionsfähig sind. Befragte Schürfer, die an der Initiative teilnehmen, konnten nur über einen kleinen Teil der Standards Auskunft geben. Die Bezahlung, Sicherheitsmaßnahmen und sonstigen Arbeitsbedingungen unterschieden sich kaum von jenen nichtzertifizierter Minen. Im Unterschied zu landwirtschaftlichen Sektoren, in denen zumeist feste Löhne gezahlt werden, kommt im artisanalen Diamantenbergbau erschwerend hinzu, dass die Schürfer häufig auf Kommissionsbasis arbeiten, die Operationen in der Regel prekär finanziert sind und häufig nicht einmal die Organisatoren über die Kenntnisse verfügen, die sie zur monetären Planung einer Schürfoperation bräuchten. Daher geht ihnen oft schon nach wenigen Wochen oder Monaten das Geld aus, sodass sie ausstehende Löhne nicht zahlen können und genötigt sind, Arbeiter*innen zu entlassen oder sich einen Finanzier außerhalb des Zertifizierungssystems zu suchen. Daran zeigt sich, wie wichtig eine bessere Ausbildung der Menschen wäre. Häufig fehlen den beteiligten Personen elementare Fähigkeiten, viele beherrschen die Grundrechenarten nicht und können deswegen nicht einmal kalkulieren, ob sie mit einer Tätigkeit Gewinn erzielen oder Verlust machen.

Erfahrungen aus anderen Teilen der Welt haben gezeigt, dass auf Freiwilligkeit beruhende Standards die Verhältnisse nur begrenzt verändern. Sie helfen oft lediglich einem kleinen Teil der Produzent*innen. In vielen Fällen reichen die fairen Preise keineswegs aus, um den Lebensstandard der Betroffenen wesentlich zu heben und zumindest ein Existenzminimum zu sichern, wie das etwa bei den Kakaobauern in Westafrika der Fall ist.[138] Solange die ökonomische Wirkung für den Einzelnen unsicher und gering ist, dürfte er zögern, bei einem solchen Prozess mitzumachen. Stattdessen könnte er es vorziehen, mit den altbewährten Akteur*innen zusammenzuarbeiten, die ihm zwar wenig zahlen und ihn regelmäßig ausbeuten, ihm aber im Notfall möglicherweise unter die Arme greifen. Sie könnten auch in Zukunft noch da sein, wenn die Berater und Beraterinnen der staatlichen und zivilen Entwicklungshilfeorganisationen längst wieder verschwunden sind.

Eine ganze Reihe ehemaliger Kolonien hat sich seit der Erlangung ihrer Unabhängigkeit politisch, gesellschaftlich und wirtschaftlich enorm entwickelt, seien es Argentinien und Brasilien in Lateinamerika, Südkorea oder Taiwan in Asien oder Botsuana und Ghana in Afrika. Sierra Leone gehört nicht in diese Kategorie. Seine Rolle beschränkt sich auch mehr als ein halbes Jahrhundert nach der Unabhängigkeit auf die eines Lieferanten mineralischer und landwirtschaftlicher Rohstoffe. Die Weiterverarbeitung und damit der größte Teil der Wertschöpfung erfolgt anderswo, ob bei Diamanten, Gold, seltenen Erden, Kautschuk, Zucker oder Palmöl. Beispielsweise werden die hochwertigen Edelsteine in Antwerpen und Tel Aviv geschliffen, den beiden Hochburgen des globalen Diamantenhandels. Die gewöhnlichen und kleinen Steine werden dagegen mittlerweile im indischen Surat geschliffen und poliert, das betrifft neun von zehn Steinen.[139] Das ehemalige Provinznest hat sich zu einer Metropole mit fünf Millionen Einwohner*innen entwickelt.[140] Wichtig sind dabei die niedrigen Lohnkosten: Schleifer verdienen dort durchschnittlich 500 Euro, viel weniger als die Kolleg*innen in Antwerpen oder Tel Aviv. Notwendig sind aber auch findige Unternehmer*innen und Investitionen, etwa in die Ausbildung der Menschen. Natürlich könnte diese Arbeit auch in den afrikanischen Staaten erledigt werden, wo ja ein Großteil der Diamanten gefördert wird. Aber dafür müssten Menschen dort erst einmal lernen, wie man Diamanten schleift und poliert. Und es müssten Betriebe gegründet werden, wofür wiederum Kenntnisse, Kredite und Genehmigungen nötig sind. Hier liegt gerade in vielen Staaten des Globalen Südens einiges im Argen, wie der peruanische Ökonom Hernando de Soto bereits in den 1990er Jahren in einem Experiment zeigte. Demnach erforderte die Anmeldung eines Kleinbetriebes in Lima sagenhafte 289 Arbeitstage, während in Florida nur 3,5 Stunden nötig waren.

Zusätzlich mussten die Akteur*innen des informellen Sektors in Lima 15 Prozent ihrer Gewinne für die Bestechung von Staatsangestellten ausgeben.[141] Die Bekämpfung der Korruption ist ein wesentlicher Schlüssel, um Schattenmärkte aufzulösen. Voraussetzung dafür wäre aber eine regelmäßige und bessere Bezahlung der Staatsangestellten. Dafür müssten wiederum die Staaten in der Lage sein, wirksam Steuern zu erheben. Ländern des Globalen Südens gehen jährlich alleine 100 Milliarden US-Dollar verloren, weil multinationale Konzerne »Gewinne in Steueroasen verbuchen oder in den Tiefen von Firmengeflechten verschwinden lassen«.[142] Zu einem erheblichen Teil nutzen korrupte Eliten die gleichen Möglichkeiten und schaffen Vermögenswerte ins Ausland. Das ist immer wieder Thema internationaler Untersuchungen und der Berichterstattung. Ein besonders wirksamer Beitrag der wohlhabenderen Länder zur Entwicklung der Staaten im Globalen Süden könnte darin bestehen, den dortigen Abfluss von Unternehmensgewinnen und privaten Vermögen ins Ausland zu stoppen und aktiver als bisher dazu beizutragen, Steuerhinterziehung zu verhindern. Daran müssten auch die Staaten des Globalen Nordens ein Interesse haben. Denn wegen der Steuerpraktiken von Konzernen fehlen auch ihnen zunehmend Einnahmen; so zahlen beispielsweise, wie neuerdings häufiger kritisiert wird, die US-Digitalriesen in der EU kaum Steuern.

Idealerweise würde ein anderes Steuerregime in den Ländern des Globalen Südens eine ganze Reihe positiver Wirkungen haben: Der Staat hätte mehr Gelder für seine Beamten und könnte höhere Beträge in politische

Programme investieren. Es wäre naiv zu glauben, dass diese Veränderungen nur von außen in Gang gesetzt werden können. Die Möglichkeiten des Globalen Nordens, etwa durch die Verknüpfung von Spenden und Entwicklungshilfe mit Fortschritten im Regierungshandeln etwas zu erreichen, sind ohnehin geschrumpft. Denn China – der große Konkurrent für die USA und die EU – stellt bei dem Tausch von Ressourcen keine solchen Bedingungen, weder in afrikanischen oder asiatischen noch in lateinamerikanischen Ländern. Notwendig wären vor allem gesellschaftliche Bewegungen in den betroffenen Ländern selbst. Solche Bewegungen sind im Übrigen auch in vielen Ländern des Globalen Nordens nötig, um die krasse Ungleichverteilung von Ressourcen und Chancen zu ändern, etwa in den USA oder Großbritannien. Es gibt immerhin erste erfolgreiche Gruppierungen wie »Fight for 15« in den USA, die sich für einen Mindestlohn von 15 US-Dollar einsetzen. Damit weniger Menschen gezwungen sind, ihren Lebensunterhalt in der informellen Wirtschaft zu verdienen, bedarf es aber vor allem mehr formeller Jobs oder einer Grundsicherung, wie sie in vielen Ländern diskutiert wird. Solange es beides nicht gibt, werden die Menschen ihr illegales Tun fortsetzen, trotz Androhung von Strafen durch den Staat.

Zukunftsfähiger Freihandel

Regelmäßig werden die Zustände auf La Salada in der öffentlichen Diskussion angeprangert, etwa nach Unfällen in den Sweatshops oder auf dem Markt. Bisweilen kommt es dann zwar zu Razzien oder Räumungen, aber zumeist läuft das Geschäft schnell weiter wie gehabt. Natürlich könnte der argentinische Staat La Salada endgültig und nicht wie bisher nur hin und wieder vorübergehend schließen. Aber dies hätte schwerwiegende Folgen: Erwerbstätige verlören ihr Einkommen und ärmere Konsumierende eine günstige Einkaufsmöglichkeit. Aber gesichert ist die Aufrechterhaltung des Marktes ebenfalls nicht, und das nicht nur weil andere Staaten Druck auf Argentinien ausüben. La Salada steht exemplarisch für einen erheblichen Widerspruch, der mit dem heute praktizierten globalen System des Freihandels und dessen inhärenter internationaler Arbeitsteilung verbunden ist. Staatliche Stellen und Privatpersonen verhalten sich in der Praxis eben anders, als es die Theorie vorsieht, der zufolge alle daran Beteiligten von der Wohlstandsmehrung profitieren.

Die Theorien zum freien Handel gehen auf den britischen Ökonomen David Ricardo (1772–1823) zurück. Der Börsenmakler und Wissenschaftler wollte zeigen, warum sich für zwei Länder Freihandel selbst dann lohnt, wenn eines Güter günstiger herstellen kann als das andere. Die Erklärung liegt in den Opportunitätskosten. Ein Land kann zwar einen absoluten Vorteil bei der Produktion zweier Güter haben, aber gleichzeitig einen komparativen Nachteil, weil es höhere Einnahmen erzielen kann, wenn es sich auf das gewinnbringendere Gut spezialisiert. In Ricardos Beispiel war Portugal England ökonomisch überlegen, weil es sowohl Wein als auch Tuch in weniger Arbeitsstunden herstellen könne. Doch habe Portugal gleichzeitig einen komparativen Nachteil bei der Tuchherstellung, die es deshalb den Engländern überlassen sollte. Später verfeinerten andere Wirtschaftswissenschaftler das Modell – aber prinzipiell beruht die ökonomische Handelstheorie bis heute auf dem Modell von Ricardo, das oft auf die Parole verkürzt wird: Freihandel ist gut, Protektionismus schlecht. »Das ist ein sehr einfaches Argument, das wie eine Art Freipass für Freihandel verwendet werden kann, wenn man es in dieser reinen Form verwendet«, sagt der Ökonom Mathias Binswanger in einem Gespräch.[143] Schaut man sich nur die Kosten an, scheint Freihandel tatsächlich immer positiv zu sein, weil unter seinen Bedingungen dort produziert wird, wo es am günstigsten ist.

Ricardos Modell der komparativen Kostenvorteile hatte einen historischen Bezugspunkt: den zwischen England und Portugal im Jahr 1703 geschlossenen Handelsvertrag. England durfte deswegen zu Vorzugszöllen Textilien nach Portugal und in dessen Kolonien wie etwa nach Brasilien exportieren. Umgekehrt durfte Portugal ungehindert seine Produkte nach England ausführen, besonders Wein. Zudem gingen beide Länder eine politische und militärische Allianz ein, auf die Portugal zu diesem Zeitpunkt wegen Auseinandersetzungen mit den Niederlanden und Spanien angewiesen war. Die Engländer*innen nutzten die Notsituation der Portugies*innen aus. »Man hat Portugal damals den Freihandel aufgezwungen, und das hat wesentlich dazu beigetragen, dass die damals führende Wirtschaftsmacht Portugal dann einen Abstieg erlebt hat und England eigentlich zur neu führenden Wirtschaftsnation [...] wurde«, führt Binswanger in dem Interview weiter aus. In Ricardos Modell gewinnen beide Seiten. Tatsächlich schrumpfte Portugals Wirtschaftsmacht erheblich, weil sich das Land fortan auf die Landwirtschaft beschränkte und die Textilindustrie dem Handelspartner England überließ. Die Textilindustrie war aber damals dank des technischen Fortschritts in Maschinenbau und Energieerzeugung die zukunftsträchtigste Branche überhaupt. Nicht einmal die Grundannahmen von Ricardos Modell entsprachen der Realität. »Nun war aber dieses Modell reine Fiktion, weil England hat ja überhaupt nie wirklich Wein angebaut, und damit dieses Modell funktioniert, müssten eigentlich beide Länder beide Güter herstellen können, das war da schon einmal nicht der Fall«, erklärt Binswanger.[144] Unberücksichtigt bleibt in dem Modell außerdem der wesentliche Faktor der Zeit. Laut Ricardos Modell treten die Vorteile des Freihandels sofort in Kraft, in Wirklichkeit gibt es stets langandauernde Anpassungsprozesse. Als die Portugies*innen beispielsweise ihre Tuchindustrie aufgaben, konnten natürlich nicht alle, die vorher dort beschäftigt waren, automatisch als Weinbauer arbeiten. Entsprechend wurden sie zu einem erheblichen Teil arbeitslos.

In Argentinien ist die große Gewinnerin des Freihandels heute die Landwirtschaft, insbesondere die Soja- und Fleischbarone. Industrien, vor allem die Anbieter textiler Standardware und deren Beschäftigte, haben dagegen verloren. Sie können gegen die Konkurrenz aus Asien unter den Bedingungen des Freihandels nicht bestehen. Theoretisch ist innerhalb einer Volkswirtschaft eine Umverteilung von den Gewinnern zu den Verlierern möglich. Wer seinen Arbeitsplatz verliert, könnte dann eine ausreichende Arbeitslosenunterstützung und die Chance auf eine Weiterqualifizierung bekommen. Aber das funktioniert nur in wenigen Staaten gut, beispielsweise in Dänemark. In den meisten Ländern ist dies nicht der Fall. Wer gewinnt, wehrt sich gewöhnlich gegen eine höhere Besteuerung, mittels derer die Staaten diejenigen kompensieren könnten, die verlieren. Weil Konzerne heute ständig Gewinne verschieben, fällt es selbst ökonomisch starken Staaten schwer, die notwendigen Mittel bei ihnen abzurufen.

Die Erfahrung, allein gelassen zu werden, haben die ehemaligen Stahlarbeiter im US-amerikanischen Rustbelt genauso gemacht wie die britischen Kohlekumpel oder die argentinischen Textilarbeiter. Am Ende muss sich jeder dieser »Verlierer« um den eigenen Lebensunterhalt kümmern. Oft bleibt ihnen keine andere Möglichkeit, als einen Billigjob im Dienstleistungsgewerbe anzunehmen oder eine nichtformelle Betätigung auf den Schattenmarkt zu suchen.

Unter den Bedingungen des Freihandels haben argentinische Sweatshops keine Chance gegen ihre Billigkonkurrenten aus Asien, wenn sie sich legal verhalten, jedenfalls solange sie Massenwaren herstellen. Zu groß sind die Unterschiede bei den Kosten. Ein Beschäftigter in einem illegalen Sweatshop in der Region Buenos Aires verdient um die 200 Euro monatlich, mehr als doppelt so viel wie eine Näherin in Bangladesch, die den gesetzlichen Mindestlohn von 8.000 Taka (83 US-Dollar) erhält.[145] Natürlich könnte man die Standards in Argentinien massiv senken und eine legale Beschäftigung zu einem extrem niedrigen Lohn erlauben. Das würde aber erheblichen Widerstand in der Bevölkerung hervorrufen, zumal sich dann auch die Gehälter und Arbeitsbedingungen in anderen Sektoren verschlechtern dürften. Außerdem wäre die Gefahr groß, dass auf diese Weise eine Abwärtsspirale in Gang gesetzt würde.

Die Sweatshops sind ohnehin bereits in wirtschaftlicher Bedrängnis, obwohl sie verbotenerweise keine Steuern und Sozialabgaben zahlen. Aber weil die Regierung Hindernisse für den Import von Kleidung reduziert hat, gelangen mehr asiatische Textilien in das Land, und dies zu Preisen, mit denen die illegalen Produktionsfirmen in Argentinien zusehends weniger konkurrieren können. Aus diesem Grund denken sie bereits über andere Geschäftsideen nach. Wer bleibt, wird versuchen, die Löhne der schwarz Beschäftigten und der informellen Sublieferfirmen noch weiter zu drücken und selbst mehr zu arbeiten, um sich damit an die Marktgegebenheiten anzupassen.

Gibt es denkbare und erfolgversprechende Alternativen? Man könnte die vorhandenen Fertigkeiten der Menschen nutzen, gezielt eine Produktion hochwertigerer Textilien aufbauen und sich etwa durch gutes oder individuelles Design Vorteile verschaffen. Sinnvoll wäre ebenfalls, Innovationen zu fördern, denn Veränderungen stehen in der Textilwirtschaft ohnehin an, wenn man die Agenda 2030 der Vereinten Nationen ernst nimmt. Das gängige Geschäftsmodell der Modebranche mit ihren schnell wechselnden Kollektionen und billig produzierter Bekleidung ist wegen seines enormen Ressourcenverbrauchs weder ökologisch noch sozial zukunftsfähig. Notwendig wäre daher die Unterstützung von Geschäftsmodellen für Slow Fashion und eine insgesamt nachhaltige Mode, die auf lokale Wertschöpfungs- und Kreislaufwirtschaft setzt. Dazu braucht es neue Technologien, die in wenigen Jahren automatisches Nähen realisieren könnten. Allerdings würden durch solche Maßnahmen sicher keine angemessen bezahlten Jobs für all jene entstehen, die heute in einem der vielen Sweatshops arbeiten. Und wenn wieder ein größerer Teil der Bekleidung in Argentinien und an anderen ehemaligen Hauptstandorten der Textilindustrie hergestellt würde, gingen wiederum Arbeitsplätze anderswo verloren, vor allem in Asien. Wirtschaftliche Innovationen und Produktivitätsfortschritte sind ohne gravierende Einschnitte nicht möglich. Für die sozialen Folgen sind daher überzeugende Regelungen nötig.

Dieser Aufgabe hat sich die Staatengemeinschaft bisher nicht gestellt. Darum bleibt das Handelssystem bestehen, bei dem die einen auf das Gewinnen und die anderen auf das Verlieren festgelegt zu sein scheinen. Auf Dauer kann man aber für ein solches System »keine Akzeptanz von den Verlierern erwarten, nicht innerhalb der Staaten (Unten vs. Oben, Arm vs. Reich), nicht zwischen den Staaten (Industrieländer vs. Entwicklungsländer), nicht zwischen den Generationen (Gegenwartsorientierte und Saturierte vs. Zukunftsorientierte und Chancen sowie vs. Sinn Suchende)«, schreibt der Ökonom Reinhard Loske. Offenkundig sollten »Handelsregeln eben nicht dem Recht des Stärkeren dienen [...], sondern auch normative Ansprüche wie Gleichbehandlung, Gerechtigkeit oder Nachhaltigkeit erfüllen«. Dies verlange, die heutige Ausrichtung der Welthandelspolitik zu verändern, sei aber nicht gegen den Multilateralismus gerichtet – ganz im Gegenteil.[146] Ein Schritt in die richtige Richtung wäre, wenn die EU in Freihandelsabkommen mit anderen Staaten oder Staatengruppen Handelserleichterungen mit Nachhaltigkeitsaspekten verknüpft und für Verstöße auch Sanktionsmöglichkeiten vorsieht. An solchen neuen Entwürfen von Freihandelsabkommen arbeitet die EU derzeit. Noch sinnvoller wäre es, wenn auf der Ebene der Welthandelsorganisation ökologische und soziale Kriterien eingeführt würden. Denn in diesem Forum haben alle Mitgliedstaaten das gleiche Stimmrecht. Insofern ist es besser geeignet, gerechte Kompromisse zwischen allen Staaten zu finden.

Legalisierung

Die bisherige Strategie, den illegalen Nashornhandel zu bekämpfen, geht nicht auf. Trotz der immensen Ressourcen, die staatliche Parks und private Tierbesitzer für die Sicherheit aufbieten, hält das Töten an. Der Markt ist offensichtlich viel zu lukrativ, als dass sich die Wilderer abschrecken ließen, schließlich setzen sie sogar ihr eigenes Leben aufs Spiel.

Was Staaten erlauben oder verbieten, ändert sich regelmäßig. Derzeit wird in vielen Ländern Cannabis entkriminalisiert, wohingegen bestimmte Cyberaktivitäten oder der Handel mit Flora oder Fauna mit neuen Verboten konfrontiert sind. Wäre eine Legalisierung des grenzüberschreitenden Handels mit Rhinozeroshorn eine Option, um die Erhaltung der Art zu sichern? Tatsächlich ist es möglich, das Horn eines Tieres zu ernten, ohne es zu töten. Das Horn wächst genauso wie menschliche Zehennägel nach, wenn man es fachgerecht oberhalb der Wachstumszone kappt. Das wird auch in manchen Zoos praktiziert, aus Angst vor Wilderern, die nicht davor zurückschrecken, die Tiere selbst an diesen Orten zu enthornen, wie das etwa in Paris geschehen ist. Genauso gehen private Besitzer und Besitzerinnen von Nashörnern im südlichen Afrika vor. Sie verfügen über große Vorräte an Horn, die sie aber nicht legal außer Landes verkaufen können.

Das Nashorn lässt sich also wie ein anderes Nutztier behandeln, etwa wie eine Kuh, die man melkt. Abgesehen von allenfalls ästhetischen Einbußen spricht wenig dagegen. In Simbabwe und Namibia wird dies schon seit den 1980er Jahren praktiziert.

Für eine Legalisierung treten vor allem private Halter von Tieren ein, die natürlich ein großes Geschäftsinteresse haben. Das gilt in besonderem Maße für den Südafrikaner John Hume, dem etwa jedes zehnte lebende Nashorn gehört. Seine riesige Herde von mehr als 1.600 Tieren grast in einer Hochsicherheitsfarm in der Nähe von Klerksdorp, drei Stunden von Johannesburg entfernt. Hume hat bereits 2017 vor Gericht erreicht, dass er das Horn innerhalb Südafrikas verkaufen darf. Im eigenen Land gibt es allerdings kaum Nachfrage, weswegen er den legalen Export des Horns ins Ausland fordert. Seiner Aussage nach ist dies der einzige Weg, um seine Farm vor dem Bankrott zu bewahren und seine Herde zu schützen. Denn der Ertrag aus dem Verkauf lebender Tiere reiche nicht mehr für den Unterhalt und die Sicherheitsmaßnahmen aus. Davon abgesehen halte er das Verbot ohnehin für unsinnig. Schließlich könne er eine Ware anbieten, für die ein Bedarf bestehe und die nachwachse. Bedenken gegen die Legalisierung hegen vor allem Tierschutzorganisationen, die bezweifeln, dass sich mit legalen Verkäufen die hohe Nachfrage in Asien befriedigen lässt. »Es gibt kein belastbares Beispiel für eine Tierart, bei der eine Legalisierung zur Austrocknung des illegalen Marktes geführt hätte«, behauptet etwa Karen Trendler von der Tierschutzorganisation NSPCA.[147]

Tatsächlich gibt es sehr wohl Beispiele dafür, dass sich Bestände erholen können, wenn Gemeinden in die nachhaltige Bewirtschaftung einer Tierart einbezogen werden, die außerhalb von Schutzgebieten stattfindet. Gelungen ist dies etwa bei den zur Familie der Kamele gehörenden Vikunjas, die in den hoch gelegenen Gegenden der Anden in Südamerika heimisch sind. Der Verkauf ihrer Wollfasern auf dem internationalen Markt hat wesentlich dazu beigetragen, dass sich die stark dezimierte Population mittlerweile wieder erholt hat. Das Gleiche gilt für Krokodile.

Für erheblichen Unmut sorgen könnte eine Legalisierung des Nashorns bei jenen Menschen, die rund um die Nationalparks leben und aus denen sich die Mehrzahl der Wilderer rekrutiert. Denn davon würde vermutlich vor allem die weißen Großfarmergemeinschaft profitieren, weitaus weniger die Dorfgemeinschaften, in denen vor allem Schwarze leben. Die Strategie der Legalisierung sollte daher die lokale Bevölkerung in einem größeren Ausmaß beteiligen. Möglicherweise wäre es eine gute Idee, wenn die heute im Besitz weniger Farmer gehaltenen Tiere vom Staat aufgekauft würden. Deren Bestandspflege könnten dann die Gemeinden übernehmen, die sich im Umkreis der Nationalparks befinden. Ein solches Projekt böte auch den in die Kritik geratenen nationalen und internationalen Tierschutzorganisationen eine gute Gelegenheit, ihr Image bei der Bevölkerung vor Ort zu verbessern, indem sie einen Teil der Kosten mittragen. Das Geld wäre in jedem Fall sozial weitaus nachhaltiger angelegt als die Ausgaben für die Bekämpfung der Wilderei. Im Falle einer Legalisierung könnte das Horn zudem weitere wirtschaftliche Aktivitäten und eine lokale Wertschöpfung ermöglichen, angefangen von der Schnitzerei bis hin zum Medizintourismus.

Im Nachbarland Namibia zeigt sich, was im kleinen Maßstab funktionieren kann. Dort werden lokale Gemeinschaften schon seit der Unabhängigkeit beim Schutz der Nashörner einbezogen und arbeiten ehemalige Wilderer inzwischen als Wildhüter. Diese Strategie hat maßgeblich dazu beigetragen, dass Wilderei von Nashörnern in dem Land lange Zeit kaum betrieben wurde. Seit 2014 war allerdings auch in Namibia zwischenzeitlich die Zahl der illegalen Nashorntötungen gestiegen, nahm zuletzt jedoch wieder ab. 2018 wurden dort 53 Tiere getötet. Solange viel Geld im Spiel ist, dürfte es schwierig bleiben, das Töten der Tiere gänzlich zu verhindern.

Bislang ist jedoch ohnehin kein Umdenken auf internationaler Ebene in Richtung einer Legalisierung zu beobachten. So fand ein entsprechender Vorstoß Eswatinis, dem früheren Swasiland, bei der CITES-Konferenz 2016 nur wenige Befürworter. Der Zwergstaat wollte 2019 erneut einen Antrag zur Legalisierung des Rhinozeroshorns einbringen, ohne Aussicht auf Erfolg. Andere Mitgliedstaaten der Southern African Development Community sprachen sich parallel für den freien Handel mit Elfenbein aus.

Eine Legalisierung des informellen Diamantenschürfens und -handelns in Sierra Leone erscheint derzeit ebenfalls undenkbar, obwohl es fast nie strafverfolgt wird. Zu sehr hat sich auf Seiten der Politik, Nichtregierungsorganisationen und auch der Vertretung von Dorfgemeinschaften in den Schürfgebieten der Gedanke festgesetzt, dass vor allem die illegale Produktion von Diamanten den Gemeinden Einkommen entzieht. Folglich haben zivilgesellschaftliche Gruppen Teams von ehrenamtlichen Kontrollpersonen, häufig Frauen oder Jugendliche, ausgebildet, die die Minen patrouillieren und den illegalen Abbau unterbinden sollen. Nicht beachtet wird dabei einmal mehr, wie gering die Gewinne dieser artisanalen Diamantenschürfer ausfallen und wie groß häufig ihre Not ist. Viele stellen sich Kleinstbergbau als hochprofitables Geschäft vor, was aber bei den allein arbeitenden »Gado-Schürfern« oder den »Overkickern«, die bereits gesiebten Boden zum wiederholten Male waschen, mit der Realität nichts zu tun hat. Beim illegalen Kleinbergbau und dem Handel der Banabana scheint die inoffizielle Politik der Duldung sinnvoll zu sein, da dies verarmten Menschen ein Auskommen ermöglicht und die Gewinne in die lokale Wirtschaft zurückfließen.

Vor diesem Hintergrund hat Martin Rapaport – internationaler Diamantengroßhändler und Enfant terrible der Edelsteinwelt – vorgeschlagen, ein Auktionshaus in Koidu einzurichten, in dem artisanale Schürfer ihre Ware direkt an Juweliere in Europa oder Nordamerika verkaufen können – auch wenn sie keine Lizenz vorweisen können. Dass es dazu kommen wird, ist jedoch unwahrscheinlich.

Angesichts all dessen wird am sierra-leonischen Fall deutlich, dass zivilgesellschaftliche Initiativen für fairen und nachhaltigen Handel auch ungeahnte negative Konsequenzen haben können. Die globale Bewegung gegen den illegalen Handel mit Diamanten wurde ursprünglich von moralischen Motiven angetrieben. Heute läuft sie jedoch Gefahr, die Menschen aus dem Blick zu verlieren, die sie eigentlich schützen wollte: Diejenigen, die in sengender Hitze für Kleingeld Diamanten schürfen und durch eine zunehmende Formalisierung des Marktes dem Risiko ausgesetzt sind, erneut kriminalisiert zu werden.

Verbindliche Sorgfaltspflichten

Die Schattenmärkte sind in die weltweite Arbeitsteilung eingebunden. Für die häufig ungerechten und gefährlichen Arbeitsbedingungen sind hauptsächlich grenzüberschreitend tätige Konzerne und deren Eigentümer verantwortlich. Um ihre Gewinne zu maximieren, haben sie einen großen Teil ihrer Produktion und manchmal sogar die komplette Fertigung der Zulieferung übertragen, die wiederum Sublieferanten beschäftigen. Solche Ketten verlaufen leicht über 10 bis 15 Stationen. Die großen Konzerne, die die Produkte ordern und unter ihren Namen auf den Markt bringen, geben die Preise vor. Es gibt einen erheblichen Druck auf die Zulieferung, die gewöhnlich in einem scharfen Wettbewerb stehen. Häufig bekommen sie den Zuschlag für die Aufträge ausschließlich zu Preisen, die sie nur realisieren können, wenn sie Umwelt und Menschen ausbeuten. Mithin beschäftigen die Betriebe illegal Leute oder vergeben Aufträge an Schattenmarktfirmen. Die Folge sind beispielsweise Tote in Textilbetrieben, moderne Sklaven auf Fischtrawlern oder an Pestiziden erkrankte landwirtschaftlich Beschäftigte.

Offensichtlich sind viele Staaten nicht gewillt oder

in der Lage, derartige Missstände zu unterbinden. Alle Appelle und zivilgesellschaftlichen Kampagnen der vergangenen Jahrzehnte, die Unternehmen dazu bewegen sollten, es freiwillig besser zu machen, haben wenig verändert. Das liegt nicht zuletzt an der neuen Ausrichtung der Unternehmen, die sich zusehends allein dem Nutzen ihrer Aktienhabenden verpflichten, sprich dem Interesse an höheren Dividenden und an Kurssteigerungen. Auf dem Rückzug ist dagegen die Idee einer Unternehmensführung, die gleichermaßen auf die Interessen von Aktienhabenden, Beschäftigten, der Kundschaft und Lieferanten und Lieferantinnen schaut.

Es ist überfällig, Unternehmen auf die Einhaltung von Menschenrechten in ihren Lieferketten zu verpflichten. Sie sollten sich genauso um das gesundheitliche und soziale Wohl von Beschäftigten ihrer Zulieferer sorgen wie um die Produktsicherheit. Nur durch eine verbindliche Haftung der Unternehmen kann das Machtgefälle zwischen den Beteiligten in den Lieferketten ins Gleichgewicht gebracht werden, was entscheidend ist, wenn sich etwas in eine positive Richtung entwickeln soll. Müssten die Unternehmen haften, würden die meisten höchstwahrscheinlich genau aufpassen, um ihre Risiken zu minimieren. Eine moderne Charta für Kapitalgesellschaften hätte klare Verantwortlichkeiten ökologischer, ökonomischer und sozialer Art zu definieren.

Erste zaghafte Schritte in diese Richtung gibt es. Großbritannien beispielsweise hat 2015 den »Modern Slavery Act« eingeführt. Alle Unternehmen mit einem Umsatz von mehr als 36 Millionen Pfund müssen seitdem jährlich offenlegen, wie sie gegen Menschenhandel und Sklaverei in ihrer gesamten Lieferkette vorgehen. Allerdings sind sie bislang nicht verpflichtet, Gegenmaßnahmen einzuleiten. Es geht bei dem Gesetz lediglich um Transparenz. Dahinter steht die Idee, dass bei Missständen der öffentliche Druck auf ein Unternehmen dermaßen zunimmt, dass es sein Verhalten ändern und diese beseitigen wird. An die gesetzliche Berichtspflicht halten sich fast alle der 12.000 betroffenen Unternehmen, denn schließlich muss ein Mitglied der Geschäftsführung unterschreiben. Kritisierende bemängeln die Beschränkung auf Fälle der modernen Sklaverei und die Berichtspflicht. Um konkrete Maßnahmen durchzusetzen, brauche es eine »Sorgfaltspflicht, also einen Verhaltensmaßstab für Unternehmen«, sagt Cornelia Heydenreich von der Nichtregierungsorganisation Germanwatch.[148]

Dies hat Frankreich mit der »Loi de Vigilance« 2017 bereits getan. Dieses Gesetz schreibt eine umfassende menschenrechtliche Sorgfaltspflicht für Unternehmen fest. Entsprechend können die 100 bis 150 größten Unternehmen des Landes, darunter Total, L'Oréal, Danone oder Areva, unter bestimmten Umständen für schwere Menschenrechtsbeeinträchtigungen und Umweltschäden haftbar gemacht werden. Dabei müssen Unternehmen nicht nur auf ihre eigenen Aktivitäten achten, sondern auch auf diejenigen ihrer Tochter- und Subunternehmen sowie ihrer Zulieferer. Letzteres ist eine gravierende Änderung. Kein Unternehmen kann jetzt noch behaupten, dass es als beauftragende Firma mit den Zuständen bei einer selbstständigen Zulieferfirma nichts zu tun hat. Frankreich nimmt die Unternehmen aber nur dann in die Verantwortung für Fehlverhalten ihrer Zulieferer*innen, wenn eine etablierte Geschäftsbeziehung besteht und die menschenrechtlichen Probleme damit zusammenhängen. Belgien wiederum hat beschlossen, dass die Unternehmen der Süßwarenindustrie ab 2030 allen Beschäftigten entlang der Kakao-Lieferkette einen existenzsichernden Lohn zahlen müssen. Davon profitieren würden etwa die bitterarmen, in der Landwirtschaft Beschäftigten in Westafrika.

Auch ausländische Unternehmen und ihre Töchter sind über ihre Lieferketten von den in Frankreich und Großbritannien eingeführten Regelungen betroffen – direkt oder indirekt. Auf europäischer Ebene wurde 2017 ein Gesetz zum Handel mit sogenannten Konfliktmineralien beschlossen. Von 2021 an müssen alle Unternehmen, die bestimmte Rohstoffe aus Konfliktregionen ankaufen, prüfen, ob dadurch Gewaltverhältnisse finanziert werden.

Neben diesen bereits verwirklichten Maßnahmen gibt es weitere Initiativen: Die Niederlande debattieren über ein Gesetz zu Sorgfaltspflichten bei Kinderarbeit, in der Schweiz wurde ein Gesetz für eine umfassende Konzernverantwortung vorgeschlagen, und in Deutschland wurden im Frühjahr 2019 Überlegungen für ein ambitioniertes Gesetz aus dem Bundesministerium für wirtschaftliche Zusammenarbeit und Entwicklung publik. Es geht dabei unter anderem um soziale Standards, die weit über die Kernarbeitsnormen der Internationalen Arbeitsorganisation hinausgreifen, etwa Vereinigungsfreiheit, Recht auf Kollektivverhandlungen, Beseitigung von Zwangs- und Kinderarbeit und Verbot der Diskriminierung in Beschäftigung und Beruf. Ziel ist es, gute Bedingungen entlang der gesamten Lieferketten zu ermöglichen.

Rechtlich verbindliche Sorgfaltspflichten für Arbeitsstandards und Menschenrechtsschutz wären ein wichtiger Schritt. Dadurch würden sich die Arbeitsbedingungen in Zulieferländern aber nicht unbedingt verändern. Die Gefahr ist groß, dass die Unternehmen ausschließlich die formalen Kriterien zu erfüllen versuchen und das Thema Menschenrechte mit dem dazugehörigen Papierkram abhaken. Sollte dann wieder ein Fall von Sklaverei aufgedeckt werden, kann das Unternehmen darauf verweisen, dass es seiner Sorgfaltspflicht nachgekommen ist, und die entsprechenden Berichte vorlegen.

Es gibt deutsche Unternehmen, die ein verbindliches nationales Gesetz für Unternehmensverantwortung offen befürworten. Dazu zählen etwa der Textildiscounter KiK, der in die Kritik geraten war, weil er unter anderem in den Unglücksfabriken Rana Plaza in Bangladesch und Ali

Enterprise in Pakistan gefertigt hatte, oder die Kaffee- und Konsumgüterfirma Tchibo. Andere Unternehmen zeigen sich zurückhaltender und würden ein europäisches Gesetz bevorzugen. Bei einigen regt sich aber auch erheblicher Widerstand, etwa beim Bundesverband der Deutschen Industrie (BDI). »Wir in der Industrie sind irritiert über den Gesetzentwurf«, sagt Holger Lösch, stellvertretender Hauptgeschäftsführer des BDI. Generell passten vermeintlich einfache und pauschale gesetzliche Regelungen nicht zur Unternehmensrealität in internationalen Lieferketten. Schon gar nicht seien »Unternehmen in der Lage, fragile staatliche Strukturen, fehlende Rechtsstaatlichkeit und kriminelle Strukturen in Drittländern zu kompensieren.«[149]

Ob auch in Deutschland ein Gesetz zur Verantwortung für Lieferketten kommt, hängt von der weiteren Entwicklung des sogenannten Nationalen Aktionsplans Wirtschaft und Menschenrechte ab, der für die gesamte Wirtschaft gelten soll. Die Bundesregierung hatte sich noch 2016 für einen freiwilligen Ansatz zur Umsetzung der UN-Leitprinzipien für Wirtschaft und Menschenrechte entschieden. Doch die große Koalition hatte sich gleichzeitig vorbehalten, nach einem zwei Jahre dauernden Prozess verbindliche Maßnahmen zu beschließen, wenn weniger als die Hälfte der in Deutschland ansässigen Unternehmen mit mehr als 500 Beschäftigten die »Kernelemente menschenrechtlicher Sorgfaltspflicht in ihre Unternehmensprozesse integriert haben«.[150] Streit gab es im Frühjahr 2019 in der Bundesregierung darüber, ab wann ein Unternehmen diesen Sorgfaltspflichten nachkommen soll. Bundesentwicklungsminister Gerd Müller weist Kritik aus der Wirtschaft an einem solchen Gesetz zurück: »Wir überziehen nichts, wir machen auch keinen Mittelständler damit kaputt.« Haften würden Unternehmen nur für Schäden, die vorhersehbar und mit angemessenem Aufwand vermeidbar gewesen wären. Von einem »klasse

Gesetzentwurf« spricht der Grünen-Bundestagsabgeordnete und Entwicklungspolitiker Uwe Kekeritz.[151]

Nahezu revolutionär, aber extrem hilfreich wäre die Schaffung eines Internationalen Gerichtshofs für Arbeit. Das wäre ein geeignetes Instrument, um die Einhaltung von Arbeitsnormen zu erzwingen. Gleichzeitig würde es die Öffentlichkeit regelmäßig auf Missstände aufmerksam machen. Sinnvoll wäre die Ansiedlung dieses Gerichtshofs bei der Internationalen Arbeitsorganisation. Anders als beim Internationalen Gerichtshof der Vereinten Nationen in Den Haag oder bei den bisherigen internen ILO-Verfahren könnten dann nicht nur Staaten verklagt werden, sondern auch Unternehmen, die ihren Sitz in einem ILO-Mitgliedsland haben, das eine Konvention ratifiziert und damit in nationales Recht umgesetzt hat.[152] Gewerkschaften hatten schon bei der Gründung der ILO vor hundert Jahren einen solchen harten Sanktionsmechanismus gefordert. Das lehnten die Staaten damals ab. In der Folge hat die ILO immer nur Missstände offenlegen und Regierungen ermahnen können. Das ist offensichtlich zu wenig. Außerdem gibt es keinen Grund dafür, warum Unternehmen heute Staaten vor internationalen Schiedsgerichten verklagen können, während Beschäftigte keine solche Institution zur Verfügung steht, um gegen massive Rechtsverletzungen durch Firmen und Staaten vorzugehen.

Bargeldabschaffung

Ein anderer populärer Vorschlag zur Bekämpfung der Schattenwirtschaft ist die Abschaffung des Bargelds, auf das die illegalen Märkte als Transaktionsmittel angewiesen sind. Mit dem Kampf gegen Korruption und Schwarzgeld begründete etwa die indische Regierung 2016 ihr überraschendes Verbot aller 500- und 1.000-Rupienscheine. Auf einen Schlag wurden dadurch 86 Prozent des Bargelds wertlos. Fünfzig Tage blieben den 1,3 Milliarden Menschen, um die alten in neue Scheine umzutauschen. Auch die EU hat Obergrenzen für Bargeldzahlungen eingeführt. Besonders weit vorangeschritten ist Schweden, wo 2025 der letzte Geldschein gedruckt werden könnte. Beliebt ist das Konzept einer bargeldlosen Gesellschaft nicht zuletzt bei Regierungen des Globalen Südens: Malawi, Nigeria, die Philippinen, Mexiko und ein Dutzend weiterer Länder wollen bald sämtliche Zahlungen digital abwickeln, was technologisch schon lange möglich ist. Parallel zum Kampf gegen das Bargeld bauen die Länder zentrale Datenbanken mit den biometrischen Merkmalen aller Einwohner auf.[153] Staaten begründen dies mit dem Kampf gegen Kriminalität, Schwarzarbeit oder Terror. Massives Interesse daran haben allerdings auch Konzerne wie Google oder Amazon, denn je mehr sie über ihre Kundschaft wissen, desto gezielter lässt sich individuelle Werbung platzieren. Und sie erfahren erheblich mehr über ihre Kundschaft, wenn diese nicht mehr bar zahlen können.

Früher haben Konzernvorsitzende ganz offen die Abschaffung des Bargelds gefordert. Heute verstecken sie sich nach Ansicht des Journalisten Norbert Häring meist hinter der Idee der finanziellen Inklusion. Denn wer könne schon etwas dagegen haben, dass alle Menschen Zugang zu Finanzdienstleistungen erhalten? Eine wichtige Rolle spiele etwa die Besser-als-Bargeld-Allianz. An ihr beteiligt seien die US-Regierung über die Entwicklungshilfebehörde USAID, die Bill & Melinda Gates Stiftung, Mastercard oder die Citibank.[154]

Wie weit die Idee um sich greift, zeigt sich beim Flüchtlingskommissariat der Vereinten Nationen (UNHCR). Seine Aufgabe ist die Nothilfe für Menschen in Krisengebieten. Mittlerweile beteiligt sich das UNHCR aber auch am Projekt einer bargeldlosen Welt: Es verteilt in seinen Hilfslagern keine Lebensmittelrationen mehr, sondern Geld, mit dem die Geflüchteten in Läden vor Ort einkaufen können. Dafür müssen sie aber biometrisch registriert werden und können fortan nur noch einkaufen, indem sie sich durch einen Blick in die Kamera an der Kasse ausweisen. Dabei werden Daten von Flüchtlingen einschließlich der Informationen, wann und wo sie einkauften, für immer im Internet gespeichert. Die Hilfsorganisation Oxfam sprach 2017 von vier Millionen Geflüchteten, die in 43 Ländern biometrisch erfasst worden seien.[155]

Technisch machbar ist die bargeldlose Gesellschaft, aber wünschenswert ist sie nicht. Schließlich ist Bargeld eine der letzten Möglichkeiten, um sich gegen eine vollständige Erfassung durch Konzerne zu wehren. Außerdem würde die Abschaffung des Bargelds am wenigsten die Schwergewichte auf dem Schattenmarkt treffen. Denn schon heute nutzen sie andere Zahlungsmittel wie Diamanten, Rhinozeroshorn oder Kryptowährungen und andere Wege wie das Darknet oder Konten in Steueroasen. Abgesehen davon sollte auch die Kreativität der Menschen nicht unterschätzt werden. So hatten sich in der schweren Wirtschaftskrise um die Jahrtausendwende in Argentinien die Leute eine eigene Art Währung ausgedacht, die mit Punkten funktionierte.

In Indien hatte die Abschaffung eines Großteils der Geldscheine viele negative Nebenwirkungen. Die Wirtschaft brach ein, weil ihr das Schmiermittel fehlte – die Folgen sind bis heute zu beobachten. Das Vorgehen ist umso ärgerlicher, als es auf einem falschen Ansatz beruht. Darauf macht der emeritierte Professor Arun Kumar aufmerksam, ein Kenner der indischen Schattenwirtschaft: In den Köpfen der Menschen sei Schwarzgeld gleich Bargeld, aber das sei falsch. Denn der größte Teil des Schwarzgelds sei in Immobilien investiert worden oder liege auf ausländischen Konten. So habe sich beispielsweise das indische Vermögen in Steueroasen zwischen 2007 und 2015 fast verdoppelt.[156]

Und selbst wenn es möglich wäre, der Schattenwirtschaft durch Abschaffung des Bargelds den Boden zu entziehen, würde dies das genannte Grundproblem nicht lösen: Ein Großteil der Erwerbsmöglichkeiten bietet sich heute nun einmal nahezu ausschließlich unter nichtformellen Bedingungen. Daran würde nur eine andere Verteilung der Gewinne der Wirtschaft etwas ändern. Ein wirksamer Hebel wäre folgerichtig die Einführung einer Basisabsicherung für alle Menschen, ob sie nun in der formellen oder in der informellen Wirtschaft tätig sind.

Basisabsicherung

»Die Arbeit ist also eine Ware, die ihr Besitzer, der Lohnarbeiter, an das Kapital verkauft. Warum verkauft er sie? Um zu leben«,[157] schrieb Karl Marx. Um zu überleben, müssen fast alle Menschen in diesem Wirtschaftssystem ihre Arbeitskraft verkaufen. Unerfüllt ist bis heute der Anspruch, den die Internationale Arbeitsorganisation 1944 formulierte: »Arbeit ist keine Ware.«[158] Die ILO-Gründer hatten die Vision eines sozial eingebetteten Kapitalismus und formulierten deswegen soziale Menschenrechte, konnten ihre Versprechen aber nicht einlösen.

Heute wird Arbeit wieder disponibler, verschärft sich das Diktat der Flexibilität durch die Digitalisierung. Die Situation der Personen, die auf der Plattform arbeiten und auf Abruf bereitstehen, gleicht derjenigen, die am Hafen arbeiten und vor hundert Jahren morgens in der Warteschlange standen und entweder tageweise Arbeit erhielten oder eben nicht. Im Kapitalismus in seiner heutigen Form ließen sich alle Menschen in die formalen Märkte wohl nur einbeziehen, wenn das Niveau der Bezahlung und der Standards drastisch gesenkt und damit auch ungerechte und menschenunwürdige Arbeitsbedingungen als legal deklariert würden.

Auf dem Arbeitsmarkt gelten besondere Gesetzmäßigkeiten. Anders als auf einem gewöhnlichen Markt, auf dem zwischen Kauf- und Verkaufsseite ein Preis ausgehandelt wird und gewöhnlich niemand gezwungen ist, einen Handel zu tätigen, herrschen hier zwischen Unternehmen und Arbeitenden einseitige Machtverhältnisse. Im Zweifelsfall muss ein Arbeitender jeden Lohn akzeptieren, und sei er auch noch so gering. Wichtig ist es deswegen, die Arbeitenden zu stärken, indem man ihnen erlaubt, sich etwa zu Gewerkschaften zusammenzuschließen. Darüber hinaus wäre auch die Einführung einer sozialen Basisabsicherung sinnvoll.

Von einer »Universal Labour Guarantee« spricht Thorben Albrecht, ehemaliger Staatssekretär im Bundesarbeitsministerium und einer von 27 Fachkundigen, die für die ILO über die Zukunft der Arbeit und neue Konzepte beratschlagt haben. Eine solche Basissicherung müsse sicherstellen, »dass alle Menschen, egal in welcher Arbeitsform sie sind, ein ordentliches Einkommen haben, einen sozialen Schutz haben und Arbeitsplätze haben, die nicht krank machen«[159]. Das ist eine wichtige Bedingung dafür, dass jeder Mensch seine Fähigkeiten entwickeln und sein Leben zumindest ein Stück weit nach seinen eigenen Vorstellungen gestalten kann. Die Idee einer solchen Basisabsicherung klingt angesichts der Zustände auf der Welt visionär, sie wäre ein Schritt in eine gerechtere Welt. Aber die Schattenmärkte würden selbst dann nicht verschwinden. Dafür müssten noch mehr Veränderungen eintreten und alle Menschen eine Chance haben, ausreichend bezahlte Jobs in der formalen Wirtschaft zu bekommen. Zudem würde ein solcher Ausweg aus der Armut nicht dazu führen, dass auch andere Motive für Tätigkeiten im Schattenmarkt hinfällig werden. So ist es unwahrscheinlich, dass durch die Schaffung einer Basisabsicherung niemand mehr im südlichen Afrika Nashörner wildern würde. Denn illegales Handeln ist hier eben keinesfalls nur durch Armut getrieben, sondern häufig durch Gier. Solange derart hohe Gewinne winken, dürften sich weiterhin Menschen finden, die Tiere töten. Ungeachtet dessen könnte die Einführung einer Basisabsicherung zu einer kulturellen Wende vor Ort beitragen, die es den Wilderern zumindest schwerer machen würde. Denn wenn es Menschen besser geht, sie etwa über Land verfügen und reguläre Jobs haben, werden weniger von ihnen bereit sein, illegale Märkte zu unterstützen. Heute gilt oft das Gegenteil, wie folgende Äußerung eines Bewohners nahelegt: »Das Rhinozeros hat seinen eigenen Doktor, seinen eigenen Helikopter, sein eigenes Land, und es gibt Ranger, die es beschützen. Wir haben diese Dinge nicht. Wenn das Rhinozeros morgen ausstirbt, können wir vielleicht diese Dinge bekommen.«

Eine solche Basissicherung setzt natürlich voraus, dass ein Staat in der Lage ist, genügend Einnahmen zu erzielen, um sie zu finanzieren. Selbst in einem unterentwickelten Staat wie Sierra Leone wäre dies prinzipiell möglich, wenn er seine Bodenschätze in den Dienst der Menschen stellen würde. In der Erde von Kono schlummern schließlich noch immer Diamanten im Wert von vielen Milliarden US-Dollar. Wie ein Staat verantwortungsvoll und vorausschauend mit Ressourcen umgehen kann, zeigt Norwegen. Dort fließen große Teile der Erdöleinnahmen in einen staatlichen Fonds, der die Gelder anlegt, damit auch künftige Generationen am Wohlstand des Landes teilhaben können.

Abgesehen von den notwendigen Finanzmitteln setzt eine Basissicherung auch eine funktionierende Bürokratie voraus, die eine regelgerechte Auszahlung der Gelder gewährleisten kann. Dafür müsste vielerorts in Strukturen für eine funktionierende Staatlichkeit investiert werden. Das Vertrauen in den Staat hat bei der Bevölkerung vieler Länder in den vergangenen Jahrzehnten erheblich gelitten. Gerade im Globalen Süden haben korrupte Eliten diesen schlechten Ruf noch verstärkt. Gleichzeitig haben auch die Vertreter und Vertreterinnen einer neoliberalen Politik eine Menge Geld investiert, um die Botschaft in den Köpfen zu verankern, dass der Markt effizient und der Staat ineffizient sei. Was für ein Irrtum.

Bessere Startchancen und Toleranz

Damit mehr Menschen aus den Schattenmärkten ausbrechen können, bedarf es vor allem einer besseren Ausbildung. Das ist die Voraussetzung dafür, dass sich Menschen neue Unternehmensideen ausdenken oder qualifizierte Arbeitsplätze annehmen können. Die Menschheit ist allerdings weit von guten Startchancen für alle entfernt. »Es gibt eine chronische Unterinvestition in Menschen«, meint Philip Jennings, ebenfalls Mitglied der ILO-Kommission zur Zukunft der Arbeit. Weniger als zwei Prozent des globalen Bruttoinlandsprodukts flössen in Bildung, sagt der Gewerkschafter und zieht einen interessanten Vergleich: Wenn die Nato-Staaten zwei Prozent des Bruttosozialprodukts für ihr Militär ausgäben, dann sei es doch das Mindeste, die gleiche Summe zu investieren, damit Menschen aus- und weitergebildet werden könnten. Künftig sollen laut ILO-Kommission Firmen Investitionen in Angestellte abschreiben können – so wie heute Investitionen in Maschinen. »Wenn wir die Umbrüche – und die werden heftig werden – bewältigen wollen, dann muss es solche Investitionen geben«, erklärt Jennings.[160]

Die Politik hat bei der Gestaltung der Globalisierung in den vergangenen Jahrzehnten regelmäßig rein wirtschaftlichen Überlegungen Vorrang vor sozialen Aspekten gegeben. »Gegenwärtige Regeln und Politiken sind das Ergebnis eines weitgehend von einflussreichen Ländern und Akteuren gestalteten Systems globaler Entscheidungsstrukturen«, urteilte die Weltkommission für die soziale Dimension der Globalisierung bereits im Jahr 2004. »Arbeitnehmer und Arme haben bei der Gestaltung von Entscheidungsstrukturen nur geringe oder keine Mitsprachemöglichkeiten«.[161] Bessere Chancen für alle, menschenwürdige Arbeitsbedingungen und angemessene Bezahlung ergeben sich aber nicht von selbst. Zu Verbesserungen wird es nur kommen, wenn sich Menschen dafür einsetzen und breite Bürgerbewegungen entstehen.

Schattenmärkte sind mit vielen komplexen Problemen verbunden. Man kann die Ansicht vertreten, dass sie unlösbar sind und es daher die sinnvollste Option ist, als Individuum gewissermaßen das Spiel zu akzeptieren und sich möglichst gut anzupassen. Das ist die konservative Sicht auf die Verhältnisse. Man kann aber auch den Anspruch haben, die Strukturen so zu verändern, dass sich die Dinge zum Besseren entwickeln. Diesen progressiven Ansatz teilen wir. Er ist einen neuen Anlauf wert. Bei der Beschäftigung mit Schattenmärkten sollte die jeweilige Situation genau betrachtet, sollten bestimmte Phänomene gelassener angesehen werden. Es wird immer Kriminalität geben, weil es immer Aktivitäten geben wird, die die Gesellschaft verbietet und sanktioniert. Darum wird es auch immer informelle Arbeit geben, von der andere profitieren. Schließlich fließt ein Großteil der erwirtschafteten illegalen Profite in die legale Wirtschaft. Viele Menschen, die informell arbeiten, erfüllen sehr wichtige soziale Funktionen, zum Beispiel in der Altenpflege, wo es für die meisten privaten Personen völlig unmöglich wäre, diese Tätigkeit legal zu bezahlen (wenn eine Person 24 Stunden am Tag Pflege braucht, müsste man dafür drei Vollzeitstellen bezahlen). Wir wollen damit keinesfalls für unsichere und unterbezahlte Arbeitsverhältnisse plädieren. Diese Beispiele zeigen jedoch, dass es wichtig wäre, sich in der gesellschaftlichen Auseinandersetzung auf die sozial schädlichen Aspekte illegaler Märkte zu konzentrieren und dabei zu tolerieren, dass bestimmte Formen von Schattenwirtschaft immer existieren werden. Daher sollte man sie nicht kriminalisieren und über die Schäden, die sie angeblich verursachen, keine furchteinflößenden Statistiken veröffentlichen.

Informalität findet nicht am Rande, sondern im Zentrum der Gesellschaft statt: Formelle Märkte schaffen die Bedingungen für informelle Arbeit und abweichendes Verhalten im Allgemeinen. Wir sollten darum versuchen, besser zu verstehen, wie diese Informalität funktioniert, und sie nicht als marginales Phänomen betrachten.

Anmerkungen

1 International Labour Organization (ILO), ›More Than 60 Per Cent of the World's Employed Population Are in the Informal Economy‹, Press Release, 30.4.2018, https://www.ilo.org/global/about-the-ilo/newsroom/news/WCMS_627189/lang--en/index.htm.

2 Caspar Dohmen, ›Wirken der Internationalen Arbeitsorganisation ILO. 100 Jahre Kampf um gerechte Arbeit‹, in: *Deutschlandfunk Kultur*, Zeitfragen, 22.1.2019, https://www.deutschlandfunkkultur.de/wirken-der-internationalen-arbeitsorganisation-ilo-100.976.de.html?dram:article_id=439021.

3 ›Die Übergänge sind fließend‹. Interview mit Jens Beckert, in: *MaxPlanck-Forschung* (2014), Nr. 4, S. 71, https://www.mpg.de/8938671/W005_Kultur_Gesellschaft_070-077.pdf.

4 Ceyhun Elgin/Oguz Oztunali, ›Shadow Economies All around the World: Model-based Estimates‹, *voxeu.org*, 10.5.2012, https://voxeu.org/article/shadow-economies-around-world-model-based-estimates.

5 Robert Neuwirth, ›The Shadow Superpower‹, in: *Foreign Policy*, 28.10.2011, https://foreignpolicy.com/2011/10/28/the-shadow-superpower/.

6 ›Bringing Light to the Grey Economy‹, in: *The Economist*, 15.10.2016, https://www.economist.com/international/2016/10/15/bringing-light-to-the-grey-economy.

7 Jens Beckert/Matías Dewey (Hgg.), *The Architecture of Illegal Markets. Towards an Economic Sociology of Illegality in the Economy*, Oxford 2017.

8 Frank Wehinger, *Illegale Märkte. Stand der sozialwissenschaftlichen Forschung*, Köln: Max-Planck-Institut für Gesellschaftsforschung (MPIfG), 2001 (MPIfG Working Paper 11/6), https://www.mpifg.de/pu/workpap/wp11-6.pdf.

9 Richard Murphy, *The European Tax Gap. A Report for the Socialist and Democrats Group in the European Parliament*, Januar 2019, http://www.taxresearch.org.uk/Documents/EUTaxGapJan19.pdf.

10 Renate Mayntz, *Illegal Markets: Boundaries and Interfaces between Legality and Illegality*, Köln: MPIfG, 2016 (MPIfG Discussion Paper 16/4), 2016, S. III, http://www.mpifg.de/pu/mpifg_dp/dp16-4.pdf.

11 ILO, ›More Than 60 Per Cent of the World's Employed Population Are in the Informal Economy‹ (wie Anm. 1).

12 Transparency International Deutschland e.V., *Korruptionswahrnehmungsindex 2018*, https://www.transparency.de/cpi/cpi-2018/cpi-ranking-2018/?L=0.

13 ›Korruption. ‚Anfüttern' und ein Glas Rotwein können der Anfang sein‹, in: Deutschlandfunk Kultur, 16.6.2017, https://www.deutschlandfunkkultur.de/korruption-anfuettern-und-ein-glas-rotwein-koennen-der.1008.de.html?dram:article_id=388836.

14 Transparency International Deutschland e. V., *Korruptionswahrnehmungsindex 2018* (wie Anm. 12).

15 Tax Justice Network, *Financial Secrecy Index* 2018, https://financialsecrecyindex.com/introduction/fsi-2018-results.

16 Matías Dewey, ›The Other Taxation: An Ethnographic Account of ,Off-the-Books' State Financing‹, in: *Latin American Research Review* 53 (2018), Nr. 4, S. 726–740, http://doi.org/10.25222/larr.409.

17 Markus Schönherr, ›Lügendetektortests im Kampf gegen korrupte Wildhüter‹, in: *Tagesspiegel*, 5.5.2018, https://www.tagesspiegel.de/gesellschaft/panorama/krueger-nationalpark-in-suedafrika-luegendetektortests-im-kampf-gegen-korrupte-wildhueter/21225854.html.

18 Niklas Luhmann, Das Recht der Gesellschaft, Frankfurt a.M. 1995, S. 157ff.

19 Zitiert in: nach Beckert/Dewey, *The Architecture of Illegal Markets* (wie Anm. 7)

20 Stefan Mörchen, *Schwarzer Markt. Kriminalität, Ordnung und Moral in Bremen 1939–1949*, Frankfurt a.M. 2011; Paul Steege, *Black Market, Cold War. Everyday Life in Berlin, 1946–1948*, Cambridge 2007.

21 Antonia Kleikamp, ›Fringsen – Als ein Kardinal den Mundraub erlaubte‹, in: *Die Welt*, 31.12.2016, https://www.welt.de/geschichte/zweiter-weltkrieg/article160660329/Fringsen-Als-ein-Kardinal-den-Mundraub-erlaubte.html.

22 Bram Büscher/Maano Ramutsindela, ›Green Violence: Rhino Poaching and the War to Save Southern Africa's Peace Parks‹, in: *African Affairs* 115 (Januar 2016), Nr. 458, S. 1–22.

23 Daan J. Pienaar/Anthony J. Hall-Martin/Peter M. Hitchens, ›Horn Growth Rates of Free-Ranging White and Black Rhinoceros‹, in: *Koedoe* 344 (1991), Nr. 2, S. 97–105.

24 Bryan Christy, ›Special Investigation: Inside the Deadly Rhino Horn Trade‹, in: *National Geographic*, Nr. 10 (Oktober 2016), https://www.nationalgeographic.com/magazine/2016/10/dark-world-of-the-rhino-horn-trade/.

25 Annette Hübschle, ›On the Record: Interview with Major General Johan Jooste (retired), South African National Parks, Head of Special Projects‹, in: *South African Crime Quarterly* (Juni 2017), Nr. 60, S. 61–68, Zitate S. 63, https://issafrica.s3.amazonaws.com/site/uploads/sacq60.pdf???.

26 ILO, ›More Than 60 Per Cent of the World's Employed Population Are in the Informal Economy‹ (wie Anm. 1).

27 Matías Dewey, ,This Market Changed My Life': Aspirations and Morality in Markets for Counterfeits‹, in: Simone Schiller-Merkens/Philip Balsiger (Hgg.), *The Contested Moralities of Markets*, Bingley (Research in the Sociology of Organizations, Bd. 63) (noch unveröffentlicht).

28 ›Stall Stories. Inside South America's Largest Informal Market‹, in: *The Economist*, 25.1.2014, https://www.economist.com/the-americas/2014/01/25/stall-stories.

29 Saskia Sassen, ›La Salada: The Largest Informal Market in South America‹, in: *Forbes*, 28.3.2011, https://www.forbes.com/sites/megacities/2011/03/28/la-salada-the-largest-informal-market-in-south-america/#108176757d46.

30 Universidad Catolica Argentina (UCA), Observatorio de la Deuda Social Argentina, *Pobreza en la Argentina Urbana (2010–2016)*, https://docs.

google.com/viewerng/viewer?url=http://www.nodal.am/wp-content/uploads/2017/03/2017-Observatorio-Presentacion-Informes-Pobreza-2010-2016.pdf.

31 ›Stall Stories‹ (wie Anm. 28).

32 Ebd.

33 Josef Oehrlein, ›Markt ohne Gesetze‹, in: *Frankfurter Allgemeine Zeitung,* 3.8.2012.

34 ›Studie – Neunmal so viele chinesische Millionäre wie vor zehn Jahren‹, *Reuters,* 20.6.2017, https://de.reuters.com/article/china-einkommen-idDEKBN19B1EE.

35 *Hunting White Rhino in South Africa with Mkulu Safaris,* http://huntinginafricasafaris.com/african-game-animals-list-trophy-hunting-africa/hunting-white-rhino-in-south-africa/.

36 Im Rahmen des Kimberley-Prozesses wird nur der Weg eines Diamantenpäckchens nachvollzogen – auch wenn der Anspruch seiner Unterstützer ist, den Weg eines jeden Diamanten nachzuvollziehen. Aber der Mechanismus leistet dies bislang nicht.

37 In Lateinamerika sind es 0,1 bis 5 % und in Asien 0,1 bis 1 %.

38 Intergovernmental Forum on Mining, Minerals, Metals and Sustainable Development (IGF), *Global Trends in Artisanal and Small-Scale Mining (ASM). A Review of Key Numbers and Issues,* Winnipeg 2017, https://www.iisd.org/sites/default/files/publications/igf-asm-global-trends.pdf.

39 Estelle Levin, *From Poverty and War to Prosperity and Peace? Sustainable Livelihoods and Innovation in Governance of Artisanal Diamond Mining in Kono District, Sierra Leone,* Masterarbeit, Vancouver 2005, S. 65f.; vgl. auch Reese Moyers, *The Feasibility of Establishing a Formal Credit Delivery Mechanism for Small-Scale Diamond Miners in Kono District, Sierra Leone,* Report by Management Systems International under USAID Cooperative Agreement, Freetown/Washington, D.C. 2003, http://www.ddiglobal.org/login/resources/pda-kono-district.pdf; Sigismond Ayodele Wilson, ›Sierra Leone's Illicit Diamonds: The Challenges and the Way Forward‹, in: *Geo Journal* 76 (2011), Nr. 3, S. 191–212.

40 *Human Development Index and Its Components,* http://hdr.undp.org/sites/default/files/hdi_table.pdf.

41 United Nations Development Programme (UNDP), *About Sierra Leone,* http://www.sl.undp.org/content/sierraleone/en/home/countryinfo.html.

42 CIA, *The World Factbook,* https://www.cia.gov/library/publications/the-world-factbook/rankorder/2091rank.html.

43 Estelle A. Levin/Lansana Gberie, *Dealing for Development? A Study of Diamond Marketing and Pricing in Sierra Leone,* Report für die Diamond Development Initiative, März 2006, http://www.diamondfacts.org/pdfs/media/perspectives/case_studies/DDI_A_Study_of_Diamond_Marketing_and_Pricing.pdf.

44 Die befragten Schürfer, die angaben, regelmäßig mit einem Supporter zu arbeiten, erhielten mehrheitlich etwa 4.000 Leone (40 Eurocent) pro

Tag sowie ein bis zwei Rationen Reis und Unterstützung beim Kauf der Schürfinstrumente.

45 Alfred Zack-Williams, *Tributors, Supporters and Merchant Capital. Mining and Underdevelopment in Sierra Leone*, Aldershot 1995.

46 Ebd., S. 146.

47 Moyers, *The Feasibility of Establishing a Formal Credit Delivery Mechanism* (wie Anm. 39), S. 6f.

48 Juan José Lagorio, ›Argentina Houses LatAm's Most Polluted Place, One of the Word's Worst, too, Report Says‹, 5.11.2013, https://www.pureearth.org/BIFILES/articles/Business%20News.pdf.

49 European Commission, *Commission Staff Working Document. Report on the Protection and Enforcement of Intellectual Property Rights in Third Countries*, Brüssel, 21.2.2018, S. 11, http://trade.ec.europa.eu/doclib/docs/2018/march/tradoc_156634.pdf.

50 ›Patricia Bullrich aseguró que en La Salada se cometían delitos á la vista de todos‹, in: *La Prensa*, 24.6.2017, http://www.laprensa.com.ar/454521-Patricia-Bullrich-aseguro-que-en-La-Salada-se-cometian-delitos-a-la-vista-de-todos.note.aspx.

51 ILO, *World Employment Social Outlook. Trends* 2018, Genf 2018, https://www.ilo.org/wcmsp5/groups/public/---dgreports/---dcomm/---publ/documents/publication/wcms_615594.pdf.

52 ILO, *Bericht über Globale Beschäftigung und Soziale Entwicklung. Die dynamische Natur von Arbeitsplätzen*, Zusammenfassung 2015.

53 Jorge Ossona, ›La Salada: explotación del trabajo femenino y trata‹, in: *Tribuna*, 14.5.2015, https://www.clarin.com/opinion/trabajo_en_negro-explotacion_laboral-la_salada-economia_dela_pobreza_0_S1w_KKD7x.html.

54 Alejandro Goldberg, ›Abordaje antropológico comparativo en torno a la incidencia del Chagas y la Tuberculosis en inmigrantes bolivianos residentes en Barcelona y Buenos Aires, respectivamente‹, in: *Revista des Humanidades Médicas & Estudios Sociales de La Ciencia y la Technología* 1 (2010), Nr. 3, S. 1–18; Alejandro Goldberg, ›Factores socioculturales en el proceso asistencial de pacientes con tubercolosis del Instituto Vaccarezza del Hospital Muñiz, 2009‹, in: *Revista Argentina de Salud Pública* 1 (2010), Nr. 5, S. 13–21.

55 Sassen, ›La Salada‹ (wie Anm. 29).

56 Eva Senghaas-Knobloch, *Arbeit ist keine Ware – 100 Jahre Internationale Arbeitsorganisation*, Wiesbaden 2019, Zitate S. 112.

57 ›Korruption am Kap – Die Politik hat Südafrika heruntergewirtschaftet‹, in: *Das Handelsblatt*, 21.11.2018.

58 Aryn Baker, ›The Teenage Miner, the Village and the 709-Carat Diamond That Changed Everything‹, in: *Time*, 16.8.2018, http://time.com/longform/sierra-leone-peace-diamond/.

59 Wolfgang Streeck, ›Wie wird der Kapitalismus enden? Teil II‹, in: *Blätter für deutsche und internationale Politik 60* (2015), Nr. 4, S. 109–120, Zitat S. 111.

60 Ebd., S. 120.

61 Ebd.

62 Dohmen, ›Wirken der Internationalen Arbeitsorganisation ILO‹ (wie Anm. 2).

63 Interview mit Richard Baldwin, in: *Neue Zürcher Zeitung*, 28.12.2018, https://www.nzz.ch/wirtschaft/bei-der-naechsten-phase-der-globalisierung-kann-sich-niemand-verstecken-ld.1446561.

64 Max Weber, *Wirtschaft und Gesellschaft*, Tübingen 1980, S. 822.

65 Ulrich Schneckener, ›Fragile Staatlichkeit und State-building. Begriffe, Konzepte und Analyserahmen‹, in: Marianne Beisheim/Gunnar Folke Schuppert (Hgg.), *Staatszerfall und Governance*, Baden-Baden 2007, S. 98–120.

66 Bundesministerium für wirtschaftliche Zusammenarbeit und Entwicklung (BMZ), *Fallstudie Westafrika: Rohstoffgovernance. Vom Konfliktmineral in einem fragilen Staat zum Rohstoff für Frieden und Wiederaufbau*, o.D., https://www.bmz.de/de/ministerium/ziele/2030_agenda/deutscher_beitrag/fallstudien/fallstudie_westafrika_rohstoffgovernance/index.html.

67 Wie beispielsweise bei der Kategorisierung durch die US-Denkfabrik Fund for Peace.

68 Seit 2005 veröffentlicht die private Denkfabrik Fund for Peace gemeinsam mit der Zeitschrift *Foreign Policy* jährlich den sogenannten *Fragile States Index*. Untersucht werden Staaten im Hinblick auf das Risiko ihres Zerfalls. Die Forschungsmethoden sind neuartig. Es hat bislang keine detaillierte Untersuchung der Studien durch andere Forscher gegeben: https://fundforpeace.org/fsi/wp-content/uploads/2018/04/951181805-Fragile-States-Index-Annual-Report-2018.pdf.

69 United Nations, ›Sierra Leone, Once Symbol of Failed State, Gradually Evolving into Model for Developing into Peaceful, Prosperous Country, Security Council Told‹, Press Release, 24.3.2011, https://www.un.org/press/en/2011/sc10208.doc.htm.

70 United Nations, *Security Council Resolution 1829* (2008), angenommen vom Sicherheitsrat am 4.8.2008; siehe auch Wibke Hansen, *Mehr Interaktion als geplant: Friedenseinsätze und Organisierte Kriminalität in fragilen Staaten*, Münster 2013.

71 Dewa Mavingha, ›Villagers in Zimbabwe Marange Diamond Fields in Mass Protests‹, Human Rights Watch, 26.4.2018, https://www.hrw.org/news/2018/04/26/villagers-zimbabwe-marange-diamond-fields-mass-protests.

72 Global Witness, ›Global Witness Leaves Kimberley Process, Calls for Diamond Trade to Be Held Accountable‹, Press Release, 2.12.2011, https://www.globalwitness.org/en/archive/global-witness-leaves-kimberley-process-calls-diamond-trade-be-held-accountable/; IMPACT, ›Consumers Are Being Sold Something That's Not Real: Non-Profit Announces Departure from Conflict Diamonds Certification Scheme‹, Press Release, 14.12.2017, https://impacttransform.org/en/non-profit-announces-departure-from-conflict-diamonds-certification-scheme/.

73 ›Naomi Campbell bestätigt Diamanten-Geschenk‹, in: *Frankfurter*

Allgemeine Zeitung, 5.8.2010, https://www.faz.net/aktuell/politik/prozess-gegen-charles-taylor-naomi-campbell-bestaetigt-diamanten-geschenk-1594829.html; ›Charles Taylor. Endgültige Abrechnung mit dem Warlord‹, in: Süddeutsche Zeitung, 25.4.2012, https://www.sueddeutsche.de/politik/urteil-gegen-charles-taylor-letzter-auftritt-eines-kriegsverbrechers-1.1339885.

74 So wurde im Frühjahr 2013 etwa der leitende Beamte des Regionalbüros der Bergbaubehörde in Kenema wegen Korruptionsverdacht festgenommen (Interview mit einem leitenden Angestellten der Anti-Korruptions-Kommission).

75 Carola Kantz, ›Kimberley Process‹, in: Thomas Hale/David Held (Hgg.), *Handbook of Transnational Governance. Institutions and Innovations*, Cambridge 2011, S. 302–307.

76 John L. Hirsch, *Sierra Leone: Diamonds and the Struggle for Democracy*, Boulder 2001.

77 Lansana Gberie, *A Dirty War in West Africa. The RUF and the Destruction of Sierra Leone*, London 2005.

78 Hirsch, *Sierra Leone* (wie Anm. 76), S. 13.

79 David Keen, *Conflict and Collusion in Sierra Leone*, New York 2005; Hirsch, *Sierra Leone* (wie Anm. 76).

80 William Reno, *Corruption and State Politics in Sierra Leone*, Cambridge 1995.

81 Eine artisanale Schürflizenz kostet um die 250 Euro, eine Small Scale Mining License einige Tausend Euro, eine Large Scale License liegt bei einer halben Million US-Dollar und eine Exportlizenz bei 35.000 US-Dollar: https://www.nra.gov.sl/individuals-and-partnerships/licenses.

82 Richard M. Auty, *Sustaining Development in Mineral Economies: The Resource Curse Thesis*, London 1993; Michael L. Ross, ›What Have We Learned about the Resource Curse?‹, in: *Annual Review of Political Science* 18 (Mai 2015), S. 239–259.

83 Philippe Le Billon, ›The Political Ecology of War: Natural Resources and Armed Conflict‹, in: *Political Geography* 20 (2001), Nr. 5, S. 561–584.

84 Laut einem Bericht der Global Environmental Facility (GEF) stellten 24 internationale Geber zwischen 2010 und Juni 2016 den Staaten im südlichen Afrika hohe Summen zur Bekämpfung des illegalen Tierhandels zur Verfügung: Südafrika (19 Mio. US-Dollar), Namibia (27,1 Mio. US-Dollar), Simbabwe (16 Mio. US-Dollar) und Mozambik (61,5 Mio. US-Dollar). Darüber hinaus spendeten niederländische und schwedische Lotterien 2014 mehr als 15 Millionen Euro an die südafrikanische NGO Peace Parks Foundation, und die SanParks erhielt 23,7 Millionen US-Dollar von der Howard G. Buffet Foundation.

85 ›Rhino Poacher's Sentence Reduced‹, in: *news24*, 26.9.2014, https://www.news24.com/Green/News/Rhino-poachers-sentence-reduced-20140926.

86 ›Trial of Alleged Rhino Poaching Kingpin Hugo Ras Delayed Again‹, in: *The Citizen*, 8.12.2018, https://citizen.co.za/news/south–africa/courts/2047387/trial–of–alleged–rhino–poaching–kingpin–hugo–ras–delayed–again/.

87 Tony Carnie, ›Rhino Poaching ‚Kingpin' Finally in the Dock after 20 Delays‹, in: *Sowetan Live*, 25.4.2019, https://www.sowetanlive.co.za/news/south-africa/2019-04-25-rhino-poaching-kingpin-finally-in-the-dock-after-20-delays/.

88 Ilse de Lange, ›Groenewald Gang to Go on Trial Only in 2021‹, in: *The Citizen*, 21.4.2018, https://citizen.co.za/news/south–africa/1901908/groenewald–gang–to–go–on–trial–only–in–2021/.

89 https://www.state.gov/j/inl/tocrewards/c60273.html.

90 Annette Hübschle, *The Groenewald Criminal Network: Background, Legislative Loopholes and Recommendations*, 2017 (The Global Observatory of Transnational Criminal Networks, Research Paper No. 11; VORTEX Working Papers No. 25).

91 Maano Ramutsindela, *Parks and People in Postcolonial Societies: Experiences in Southern Africa*, Dordrecht 2005.

92 Marja Spierenburg/Conrad Steenkamp/Harry Wels, ›Enclosing the Local for the Global Commons: Community Land Rights in the Great Limpopo Transfrontier Conservation Area‹, in: *Conservation and Society* 6 (2006), Nr. 1, S. 87–97.

93 Marja Spierenburg, ›The Politics of the Liminal and the Liminoid in Transfrontier Conservation in Southern Africa‹, in: *Anthropology Southern Africa* 34 (2011), Nr. 1–2, S. 81–88.

94 Elizabeth Lunstrum, ›Articulated Sovereignty: Extending Mozambican State Power through the Great Limpopo Transfrontier Park‹, in: *Political Geography* 36 (2013), S. 1–11.

95 Jessica Milgroom/Marja Spierenburg, ›Induced Volition: Resettlement from the Limpopo National Park, Mozambique‹, in: *Journal of Contemporary African Studies* 26 (2008), Nr. 4, S. 435–448, http://dx.doi.org/10.1080/02589000802482021.

96 So hieß der Limpopo-Nationalpark vorher.

97 Spierenburg/Steenkamp/Wels, ›Enclosing the Local for the Global Commons‹ (wie Anm. 92).

98 Die Ereignisse in Kamerun waren bereits Thema eines OECD-Hearings, nachzulesen bei: Stephen Ellis, ›Operation Lock. Of Elephants and Men: Politics and Nature Conservation in South Africa‹, in: *Journal of Southern African Studies* 20 (1994), S. 53–69.

99 Tom Warren/Katie J. M. Baker, ›WWF's Secret War‹, in: *BuzzFeed News*, 4.3.2019, https://www.buzzfeednews.com/article/tomwarren/wwf-world-wide-fund-nature-parks-torture-death.

100 ›WWF: Survival International reagiert auf die neuesten Buzzfeed-Enthüllungen‹, 6.3.2019, https://www.survivalinternational.de/nachrichten/12108.

101 ›El inmueble de dos plantas tambien habria sido vivienda de varias familias‹, in: *Clarín*, 31.3.2006, https://www.clarin.com/ediciones-anteriores/muertos-incendio-taller-textil-caballito_0_S1jM8YS10Yl.html.

102 Aufgrund des immensen öffentlichen Drucks ließ Bangladesch zwei Multistakeholder-Initiativen zur Verbesserung der Fabriksicherheit zu, darunter den Bangladesh Accord.

103 ›Argentina aprueba una ley para luchar contra el trabajo informal‹, in: *El País*, 22.5.2014, https://elpais.com/economia/2014/05/22/actualidad/1400779533_347299.html.

104 Fermín Koop, ›Macri Faces Struggle to Tackle Informal Labour Market‹, in: *Buenos Aires Times*, 24.9.2017, https://www.batimes.com.ar/news/argentina/macri-faces-struggle-to-tackle-informal-labour-market.phtml.

105 ›Trabajo forzado en Argentina: te contamos qué pasa en los talleres textiles clandestinos‹, in: *America Latina*, 31.7.2018, https://mundo.sputniknews.com/america-latina/201807311080802469-trabajo-forzoso-macri-taller-textil-clandestino-argentina/.

106 ›Lomas de Zamora. En un enorme operativo con topadoras, desalojan 7.000 puestos de La Salada‹, in: *Clarín*, 8.4.2015, https://www.clarin.com/ciudades/enorme-operativo-topadoras-desalojar-salada_0_HJwxQhYv7x.html.

107 Almut Siefert, ›Modewoche Mailand. Sklavenarbeit ‚made in Italy'‹, in: *Stuttgarter Zeitung*, 22.2.2017.

108 Caspar Dohmen, ›Der Dinosaurier. Die Internationale Arbeitsorganisation‹, in: SWR 2 Feature, 9.1.2019, https://www.swr.de/swr2/programm/sendungen/feature/der-dinossaurier/-/id=659934/did=22958600/nid=659934/1jhzngc/index.html.

109 Antonella Ceccagno, *City Making and Global Labor Regimes. Chinese Immigrants and Italy's Fast Fashion Industry*, Cham 2017.

110 Nik Hammer, *New Industry on a Skewed Playing Field: Supply Chain Relations and Working Conditions in UK Garment Manufacturing. Focus Area – Leicester and the East Midlands*, Leicester 2015, https://www2.le.ac.uk/offices/press/for-journalists/media-resources/Leicester%20Report%20-%20Final%20-to%20publish.pdf.

111 Sarah O'Connor, ›Dark Factories: Labour Exploitation in Britain's Garment Industry‹, in: *Financial Times*, 17.5.2018, https://www.ft.com/content/e427327e-5892-11e8-b8b2-d6ceb45fa9d0.

112 Ceccagno, *City Making and Global Labor Regimes* (wie Anm. 109).

113 ETH Zürich, KOF Konjunkturforschungsstelle, ›KOF Globalisierungsindex: Globalisierungsflaute setzt sich fort‹, 27.12.2018, https://www.kof.ethz.ch/news-und-veranstaltungen/medien/medienmitteilungen/2018/12/kof-globalisierungsindex-globalisierungsflaute-setzt-sich-fort.html.

114 McKinsey Global Institute, *Playing to Win: The New Global Competition for Corporate Profits*, September 2015, https://www.mckinsey.com/~/media/mckinsey/business%20functions/strategy%20and%20corporate%20finance/our%20insights/the%20new%20global%20competition%20for%20corporate%20profits/mgi%20global%20competition_full%20report_sep%202015.ashx.

115 McKinsey Global Institute, *Globalization in Transition: The Future of Trade and Value Chains*, Januar 2019, https://www.mckinsey.com/~/media/mckinsey/featured%20insights/innovation/globalization%20in%20transition%20the%20future%20of%20trade%20and%20value%20chains/mgi-globalization%20in%20transition-the-future-of-trade-and-value-chains-full-report.ashx.

116 ›World Economic Outlook, April 2017: Gaining Momentum?‹, April 2017, S. 133, https://www.imf.org/en/Publications/WEO/Issues/2017/04/04/world-economic-outlook-april-2017.

117 Sassen, ›La Salada‹ (wie Anm. 29).

118 Zack-Williams, *Tributors, Supporters and Merchant Capital* (wie Anm. 45), S. 50f./175; Ian Smillie, *Blood on the Stone. Greed, Corruption and War in the Global Diamond Trade*, London 2010, S. 46.

119 Reno, *Corruption and State Politics in Sierra Leone* (wie Anm. 80).

120 William Reno, ›Political Networks in a Failing State: The Roots and Future of Violent Conflict in Sierra Leone‹, in: *International Politics and Society* 2 (2003), S. 29–43; William Reno, ›The Political Economy of Order amidst Predation in Sierra Leone‹, in: Edna G. Bay/Donald L. Donham (Hgg.), *States of Violence. Politics, Youth, and Memory in Contemporary Africa*, Charlottesville, VA/London 2006, S. 37–57.

121 The World Bank, Sierra Leone. Tapping the Mineral Wealth for Human Progress – A Break with the Past, Washington, D.C., 25.7.2005 (Report No. 26141-SL), S. III, http://documents.worldbank.org/curated/en/884561468103771332/pdf/261410SL.pdf.

122 International Monetary Fund, *IMF Country Report No.* 04/420, Dezember 2004: Sierra Leone: Selected Issues and Statistical Appendix, S. 29, https://www.imf.org/external/pubs/ft/scr/2004/cr04420.pdf.

123 ›Von Island bis Malta: Das Panama-Beben‹, in: *Süddeutsche Zeitung*, o.D., https://panamapapers.sueddeutsche.de/articles/e114661/.

124 Sierra Leone Extractive Industries' Transparency Initiative (SLEITI), 2016 Sierra Leone EITI Report, Juni 2016, https://eiti.org/sites/default/files/documents/2016_sierra_leone_eiti_report.pdf.

125 Vinish Kathuria/S. N. Rajesh Raj/Kunal Sen, ›The Effects of Economic Reforms on Manufacturing Dualism: Evidence from India‹, in: *Journal of Comparative Economics* 41 (2013), S. 1240–1262, http://pages.stern.nyu.edu/~wgreene/FrontierModeling/Reference-Papers/FrontierSelection-JCE_Kathuria_Raj_Sen.pdf.

126 ILO, Women and Men in the Informal Economy: A Statistical Picture, 3. Aufl., Genf 2018, https://www.ilo.org/wcmsp5/groups/public/---dgreports/---dcomm/documents/publication/wcms_626831.pdf.

127 Senghaas-Knobloch, *Arbeit ist keine Ware* (wie Anm. 56).

128 Manuel Castells/Alejandro Portes, ›World Underneath: The Origins, Dynamics, and Effects of the Informal Economy‹, in: Alejandro Portes/Manuel Castells/Lauren A. Benton (Hgg.), *The Informal Economy. Studies in Advanced and Less Developed Countries*, Baltimore/London 1989, S. 11–37.

129 Netzwerk Steuergerechtigkeit, ›Schattenfinanzindex 2018 zeigt: Deutschland weiter vorn unter weltweiten Schattenfinanzzentren‹, 29.1.2018, https://netzwerksteuergerechtigkeit.files.wordpress.com/2018/01/1_pressemeldung-fsi-2018.pdf.

130 Bundeszentrale für politische Bildung, *Unternehmenssteuern*, 15.9.2017, http://www.bpb.de/nachschlagen/zahlen-und-fakten/globalisierung/52650/unternehmenssteuern.

131 Kaushik Basu, *Extreme Ungleichheit ist eine Bedrohung für die Demokratie*, Frankfurt a.M.: Kreditanstalt für Wiederaufbau (KfW), 1.9.2016 (KfW Development Research, Nr. 3), S. 1, https://www.kfw-entwicklungsbank.de/PDF/Download-Center/PDF-Dokumente-Development-Research/2016-09-07-MF_Inequality_DE.pdf?kfwnl=Research-Entwicklungspolitik.08-09-2016.474006.

132 ›ILO-Empfehlung zum Übergang von der informellen zur formellen Wirtschaft zeigt Wege zu mehr Sicherheit‹, Presseinformation, 23.6.2015, https://www.ilo.org/berlin/presseinformationen/WCMS_377973/lang--de/index.htm.

133 Castells/Portes, ›World Underneath‹ (wie Anm. 128).

134 ›Rede von Bundeskanzler Gerhard Schröder vor dem World Economic Forum in Davos‹, 28.1.2005, http://www.gewerkschaft-von-unten.de/Rede_Davos.pdf.

135 ›Der Volltreffer von Schröder‹, in: *Frankfurter Rundschau*, 8.2.2010, https://www.fr.de/wirtschaft/volltreffer-schroeder-11711543.html.

136 Vgl. ›Arbeitnehmerschutz: Abbau im Windschatten der Krise‹, in: *Böckler-Impuls* (2012), Nr. 9, 23. Mai, S. 4 f., https://www.boeckler.de/impuls_2012_09_4-5.pdf.

137 BMZ, *Fallstudie Westafrika* (wie Anm. 66).

138 Deutsche Gesellschaft für Internationale Zusammenarbeit (GIZ) (Hg.), *Preisgestaltung in der Wertschöpfungskette Kakao – Ursachen und Auswirkungen*, Bonn, Januar 2018, https://suedwind-institut.de/files/Suedwind/Publikationen/2018/2018-01%20Preisgestaltung%20in%20der%20Wertschoepfungskette%20Kakao_Ursachen%20und%20Auswirkungen.pdf.

139 ›World's Biggest Diamond Hub Seeks Direct Links to ›Cheaper‹ Zimbabwe Gems‹, in: *Newswire*, 9.4.2019, https://newzwire.live/worlds-biggest-diamond-hub-seeks-direct-links-to-cheaper-zimbabwe-gems/.

140 Exporteure, die Diamanten von Schürfer*innen und Händler*innen kaufen, zahlen eine Exportsteuer von 3% des Wertes der Diamanten; Bergbaufirmen, die Diamanten selbst exportieren, zahlen 7% und Octéa/Koidu Holdings 6,5%.

141 Hernando de Soto, *The Other Path: The Invisible Revolution in the Third World*, New York 1989, S. 98f.; Aussagen finden sich wohl auch in dessen Buch *The Mystery of Capital*, New York 2000, das auch ins Deutsche übersetzt wurde

142 Oxfam, ›Steuervermeidung von Konzernen und Superreichen stoppen!‹, Januar 2018, https://www.oxfam.de/system/files/ox_websheet_davos2018_steuervermeidung.pdf.

143 Caspar Dohmen, ›Wem nützt der freie Handel? Piräus – auf der Drehscheibe der neuen Seidenstraße‹, in: Deutschlandfunk Kultur, 16.4.2018, https://www.deutschlandfunkkultur.de/wirtschaft-denken-1-wem-nuetzt-der-freie-handel-piraeus-auf.976.de.html?dram:article_id=415625.

144 Ebd.

145 ›Outrageous New Minimum Wage Announced in Bangladesh‹, 21.9.2018, https://cleanclothes.org/news/2018/09/21/outrageous-new-minimum-wage-announced-in-bangladesh.

146 Reinhard Loske, ›Trumps trauriges Verdienst‹, in: *GWP – Gesellschaft. Wirtschaft. Politik* 67 (2018), Nr. 4, S. 447–453, Zitate S. 448, https://doi.org/10.3224/gwp.v67i4.04.

147 Zitiert in: Fritz Habekuß, ›Der Fluch der Hörner‹, in: *Die Zeit*, 28.2.2019.

148 Caspar Dohmen, ›Verantwortung weltweit‹, in: *Süddeutsche Zeitung*, 20.2.2019, https://www.sueddeutsche.de/wirtschaft/arbeit-verantwortung-weltweit-1.4338175.

149 Antworten des BDI am 19.2.2019 auf eine Anfrage von Caspar Dohmen.

150 Zitiert in: Caspar Dohmen, ›Mühsamer Prozess‹, in: *Süddeutsche Zeitung*, 22.4.2019, https://www.sueddeutsche.de/wirtschaft/arbeitsstandards-muehsamer-prozess-1.4417285.

151 Ebd.

152 Markus Demele, Die Zukunft der Arbeit – und der ILO: Stiftung Entwicklung und Frieden, Bonn 2019 (Global Governance Spotlight, 1/2019), https://www.sef-bonn.org/fileadmin/SEF-Dateiliste/04_Publikationen/GG-Spotlight/2019/ggs_2019-01_de.pdf.

153 Norbert Häring, *Schönes neues Geld. PayPal, WeChat, Amazon Go – uns droht eine totalitäre Weltwährung*, Frankfurt a.M. 2018.

154 Caspar Dohmen, ›Norbert Häring. Schönes neues Geld. PayPal, WeChat, Amazon Go‹, in: Deutschlandfunk, 20.8.2018, https://www.deutschlandfunk.de/norbert-haering-schoenes-neues-geld-paypal-wechat-amazon-go.1310.de.html?dram:article_id=425507.

155 Ebd.

156 Vgl. Julia Wadhawan, ›Die Schein-Reform‹, in: *Die Zeit*, 11.3.2018, https://www.zeit.de/wirtschaft/2018-02/indien-bargeld-abschaffung-digitalisierung-gesellschaft-reform.

157 Karl Marx, ›Deutschland‹, in: *Neue Rheinische Zeitung* Nr. 264, 5.4.1849, S. 1.

158 *Erklärung über die Ziele und Zwecke der Internationalen Arbeitsorganisation*, 10.5.1944, https://www.ilo.org/wcmsp5/groups/public/---europe/---ro-geneva/---ilo-berlin/documents/normativeinstrument/wcms_193728.pdf.

159 Dohmen, ›Wirken der Internationalen Arbeitsorganisation ILO‹ (wie Anm. 2).

160 Ebd.

161 Weltkommission für die soziale Dimension der Globalisierung, *Eine faire Globalisierung. Chancen für alle schaffen*, Genf: ILO, 2004, S. XII, https://www.ilo.org/public/english/wcsdg/docs/reportg.pdf.

Reihe Politik bei Wagenbach

Jochen Vollmann

Die Galle auf Zimmer 7

Welche Medizin wollen wir?

Was macht uns wirklich gesund? Messerscharf zeichnet Jochen Vollmann ein ernüchterndes Bild unseres Medizinsystems und warnt vor einer düsteren Zukunft, wenn wir nicht schnell umdenken: Ist alles, was machbar ist, auch wünschenswert?

Politik. Klappenbroschur. 128 Seiten

Wolfgang Kaleck, Miriam Saage-Maaß

Unternehmen vor Gericht

Globale Kämpfe für Menschenrechte

Arbeiterinnen in Bangladesch, Gewerkschafter in Kolumbien und die Landbevölkerung im Sudan nehmen die Verbrechen übermächtiger Wirtschaftsgiganten nicht mehr länger hin. Unterstützt werden diese Menschen von zwei Menschenrechtsanwälten: Sie reisen zu den Betroffenen, sie ziehen vor Gericht, sie sind im Recht.

Politik. Broschur. 208 Seiten

John Urry

Grenzenloser Profit

Wirtschaft in der Grauzone

Bei »Offshoring« denkt man an kleine Steuersünder in entlegenen Inselparadiesen. Inzwischen aber hat das Wirtschaften jenseits aller staatlichen Regeln und Kontrolle ein Stadium erreicht, das wir uns kaum vorstellen können.

Aus dem Englischen von Hans Freundl

Politik. Gebunden mit Schutzumschlag. 224 Seiten

Dawid Danilo Bartelt

Konflikt Natur

Ressourcenausbeutung in Lateinamerika

Lateinamerika ist der artenreichste Kontinent – und auf bestem Wege, diesen immensen Schatz für immer zu zerstören. Alles, was sich zu Geld machen lässt, wird dem Boden entzogen, mit unabsehbaren Umweltschäden.

Politik. Broschur. 144 Seiten

Politik bei Wagenbach

2008 fortgeführt von Patrizia Nanz und Susanne Schüssler.

Emser Straße 40/41 10719 Berlin www.wagenbach.de
Covergestaltung Julie August unter Verwendung einer Fotografie aus der Serie »La Salada« © Sarah Pabst.
Gesetzt aus der Meridien und der Imago.
Gedruckt auf Schleipen und gebunden bei CPI books GmbH, Leck. Printed in Germany.

ISBN: 978 3 8031 3690 9